CEIBS | 中欧经管图书

战略启航

企业的数字化发展

蔡舒恒 著

东方出版中心有限公司

图书在版编目（CIP）数据

战略启航：企业的数字化发展 / 蔡舒恒著. —上海：东方出版中心，2021.4
ISBN 978-7-5473-1819-5

Ⅰ. ①战… Ⅱ. ①蔡… Ⅲ. ①数字技术 - 应用 - 企业管理 - 研究 - 中国 Ⅳ. ①F279.23-39

中国版本图书馆CIP数据核字（2021）第060900号

中欧前沿观点丛书
战略启航：企业的数字化发展

著　　者　蔡舒恒
丛书策划　刘佩英
特约策划　胡峙峰
责任编辑　徐建梅
特约编辑　张碧萱
版式设计　陈绿竞
封面设计　**奇文雲海 Chival IDEA**

出版发行　东方出版中心有限公司
地　　址　上海市仙霞路345号
邮政编码　200336
电　　话　021-62417400
印 刷 者　山东韵杰文化科技有限公司

开　　本　890mm × 1240mm　1/32
印　　张　6.875
字　　数　100千字
版　　次　2021年5月第1版
印　　次　2021年5月第1次印刷
定　　价　78.00元

中欧前沿观点丛书

院长的话

1994年，中欧国际工商学院（下称“中欧”）由中国政府和欧盟联合创立。廿五载风雨兼程，伴随着中国经济稳步迈向世界舞台中央的历史进程，中欧从西方经典管理知识的引进者，逐渐成长为全球化时代中国管理知识的创造者和传播者，走出了一条独具特色的成功之路，建成了一所亚洲领先、全球知名的商学院。中欧以“认真、创新、追求卓越”为校训，致力于培养兼具中国深度和全球广度、培养积极承担社会责任的商业领袖，被中国和欧盟的领导者分别誉为“众多优秀管理人士的摇篮”和“欧中成功合作的典范”。目前，中欧的MBA和EMBA课程均位列英国《金融时报》排行榜全球五强，在亚洲商学院中无出其右者，与全球顶尖商学院相比亦不遑多让。

中欧拥有世界一流的教授队伍，其中有70余位全职教授，来自全球18个国家和地区，他们不仅博学善教，也引领商业知识的创造。中欧的教授队伍中既有学术造诣深厚、连续多年入选“高被引学者”榜单的杰出学者，又有实战经验丰富的企业家和银行家，以及高瞻远瞩、见微知著的国际知名政治家。

受上海市政府委托，中欧领衔创建“中国工商管理国际案例库（ChinaCases.Org）”，已收录精品案例1 200多篇，被国内外知名商学院广为采用。中欧还独创“实境教学法”，引导商业精英更好地将理论融入实践，做到经世致用、知行合一。

此次，中欧教授中的骨干力量倾力推出中欧前沿观点丛书，不仅是为即将到来的中欧25周年校庆献礼，也是希望以简明易懂的形式让高端学术“飞入寻常百姓家”。我们希望这套丛书能够给予广大读者知识的启迪、实践的参照，以及观察经济社会的客观、专业的视角；也希望随着中欧前沿观点丛书的不断丰富，它能成为中欧知识宝库中的一道亮丽风景线。

李铭俊教授

中欧国际工商学院院长（2015.3—2020.9）

迪帕克·杰恩（Dipak Jain）教授

中欧国际工商学院欧方院长

2019年9月1日

总　序

中欧前沿观点丛书和读者见面了。首批6本图书于2019年出版发行，而2019年恰逢中欧国际工商学院建院25周年。中欧国际工商学院（下称“中欧”）是中国和欧盟于1994年合作创办的商学院。中欧在短短的25年里创造了世界教育领域的奇迹——从最初十年的默默无闻到最近十多年来屡居全球商学院多个权威榜单的前茅。在英国《金融时报》的榜单中，中欧MBA课程位居全球第五（2019年1月发布），中欧EMBA课程也位居全球第五（2018年10月发布）。两个“全球第五”成为中欧25周年华诞的完美献礼！

中欧能够打造精品课程，仰仗的是中欧教授深厚的学术修养和实操经验。中欧拥有70余位全职教授，来自18个国家和地区，其中中国籍教授占40%（含港澳台），外籍教授占60%。中欧教授均有在海外留学和教学的经历，熟悉国际学术界的前沿理论及其商业应用，因而他们具有宽广的国际化视野。同时，中欧每个教授均花费大量时间和精力深耕中国案例，因而他们拥有对中国实践的深刻认知。中欧为这些具有“中国深度、全球广度”的教授们提供了发挥其才能的最佳舞台，而教授们回馈其才华帮助中欧实现“聚焦中国、贡献世界”的雄心。

遗憾的是，绝大多数中欧教授“养在深闺人未识”。这套中欧前沿观点丛书意在弥补这个缺憾，让这些“隐士教授”向大众读者露个脸，让不曾上过这些教授课程的读者领略一下他们的学识和风范，同时也让上过这些教授课程的读者重温一下曾经品尝过的思想佳肴。丛书编委会希望这套丛书能呈现四个特点。第一是有料，就是书中有足够多的满足读者胃口的知识点。第二是轻快，做到“内容轻学术，形式简篇幅”，让读者翻开书就被吸引，手不释卷能在较短的时间内读完第一遍。第三是回味，就是在读完第一遍后，还会有兴趣去读第二遍和第三遍，既要“轻学术”，又要“厚内涵”。第四是实操，就是书中的知识能够对现实中的相关决策有一定的指导意义。简而言之十个字：有料有回味，轻快能实操。这“十字诀”就是中欧前沿观点丛书的定位。

中欧前沿观点丛书首批6本将在2019年11月举行的中欧25周年庆典上亮相，之后该丛书将继续推出中欧教授的原创小书。经济学中有个著名的观点：小的是美好的。希望这套丛书会是中欧教授思想的美好呈现。我们会竭尽全力将这套丛书做成精品，同时我们愿意倾心听取读者的批评意见（电子邮箱：gdcs@ceibs.edu）。

本套丛书的成功出版要感谢中欧领导层的支持，感谢丛书顾问们的指导和丛书编委们的付出。同时也要感谢数字中欧和东方出版中心的通力合作。我们期待中欧前沿观点丛书能够吸引到一大批忠实的读者。愿这套丛书与读者常相伴，共成长！

中欧前沿观点丛书编委会

2019年8月于上海

感谢语

本书是在极其艰难的情况下完成的，写作时正值新冠肺炎疫情蔓延巅峰期，而我也因病住院进行了重大手术，饱受身心煎熬而成日惶惶恐恐，面对多变、复杂、模糊、无确定性的未来，思考常无法延续，感恩有信仰、亲情及友情支撑着我，让我把持住信念克服心理障碍，渡过难关。

我要特别感谢中欧国际工商学院慷慨为本书的研究工作提供经费，也衷心感谢我家人，蔡承勋先生，刘蕙美女士，凌宇光医师，蔡旻芬女士，王裕华先生，蔡清徽女士，林巧峰医师，蔡青劭医师，蔡旻翰先生，朱怡洁女士的医治、关怀、陪伴及鼓励；我可敬可爱的工作团队及挚友张云路教授、刘婕女士、齐卿先生、周宪先生、郭旻奇先生在实体及虚拟的环境中多次与我进行激烈探讨，无怨无悔地配合我工作，直至本书顺利完成，辛苦你们了！更感谢许斌教授及王泰元教授在百忙之中抽空审阅本书初稿并提出宝贵的修改意见，感恩！

最后，谨以本书祝愿：我们能战胜新冠肺炎，全球商业浴火重生！

目录

Contents

第 5 章　保乐力加：中国的翻身战　——139

第 6 章　全家：重构人 · 货 · 场的新零售实验　——165

引言

未来已来：数字经济浪潮

“未来所有企业要么是数字化原生企业，要么成为数字化重生/转型企业。”

——王文京，用友网络董事长兼CEO

2020年伊始，突如其来的新型冠状病毒迅速席卷全球，世界各大经济体经济下跌惨重，欧美日GDP不断新创下跌纪录。2020年德国GDP下降5%，法国下降8.3%，美国下降3.5%[1]。这是20世纪30年代“经济大萧条”以来全球经济面对的最大幅度经济萎缩，影响力远超2008年全球金融危机。受疫情期间“经济封锁”的影响，全球贸易也遭受重创，致使许多外向型传统制造业企业生存艰难。然而，数字经济在此轮新冠战役中“韧性”补位，不但在抗疫、防疫过程中表现出强劲的生命力，还成为“后疫情时代”经济增长的新引擎，其重要性愈发凸显。

作为一种新型经济形态，数字经济是指以数字化的知识和信息为关键生产要素、以现代信息网络为重要载体、以信息

[1] 腾讯网，《厉害了我的国！ 2020年全球GDP排名前十国家出炉》，2021年2月8日，https://new.qq.com/rain/a/20210208A08QS500，最后浏览日期2021年2月21日.

通信技术（Information and Communication Technologies，ICT）的有效使用为效率提升和经济结构优化的重要推动力的一系列经济活动[1]。这一定义是二十国集团（G20）成员在2016年杭州峰会上达成的共识，因而后续也被学界和业界的许多研究者所采纳。然而，准确地界定数字经济并非就是下定义这么简单，在实践中人们还是难免对“什么是数字经济”这一问题产生这样或者那样的错误认识。从长远来看，这些错误观念不仅不利于数字经济的发展，而且还会在实践中产生许多的“伪数字经济”，降低数字经济的原始魅力。

数字经济不是什么

“数字经济是个筐，什么都能往里装。”任何新事物的发展都不可避免地需要经历一个认知转换的过程，在这一过程中，新旧观念共存，糅杂着旧观念的思维逻辑难免会形成一些不利于新事物发展的错误认知。人们对于数字经济的理解也不例外。我们发现，业界对数字经济的看法普遍存在着这些误

[1] 中国网信网，《二十国集团数字经济发展与合作倡议》，2016年9月29日，http://www.cac.gov.cn/2016-09/29/c_1119648520.htm，最后浏览日期2020年5月6日.

解：数字经济就是把线下的生意搬到线上；数字经济只涉及业务变革，不涉及组织变革；发展数字经济应该由IT部门完全负责或者直接牵头，其他部门做相关配合即可；只有那些预算充足的大型企业才能发展数字经济……

要形成对数字经济的有效认知，企业家首先需要走出以下误区：

误区一：数字经济等于在线化或电商化。仅仅把数字经济局限于技术层面的变革，比如把数字经济理解为简单的在线化，或者将其与O2O[1]、电商画上等号。这些理解都过于片面。以包括远程办公和移动办公的在线化为例，其满足的是企业一定的管理需求，提供的是平台和技术的支撑，实现了业务、流程、管理等层面的在线应用。而高新数字化技术和应用本身并不能“包治百病”，仅仅掌握最新的数字技术，并不意味着能够成功处理企业转型中的诸多问题。数字经济也绝不等同于“做电商”。与平台企业合作，完成线上供货并不代表完成了数字化的改造。这种误解会导致企业过度看重近期投入产出比，将发展数字经济看作一项渠道建设的短期战术，而忽略了长期数字化能力的培养。即使是零售公司，在定义零售数字化时，

[1] O2O为online to offline的缩写，是一种借助互联网提供的平台优势，实现线上线下融合的新型商业模式。

也强调数字能力的打造，例如，苏宁控股集团董事长张近东提出：苏宁智慧零售的本质就是数字零售，是建立在数据化管理与分析基础上的零售经营能力，这包括支付数字化、用户数字化、商品数字化、零售服务等每一个环节[1]。

误区二：数字经济就是发展和应用数字技术。对于技术，不少企业家也抱有一种迷信，认为只要投资硬件和系统，就能解决企业现有问题，获得立竿见影的回报。这种对技术的“颠覆性”和变革能够“一蹴而就”的迷信，往往让企业缺乏完整的战略思考，结果是走一步看一步。而抱有上述想法的企业家，也往往将数字化这一任务交给某个部门执行，其数字化效果也可能停留于此。企业一把手必须明白的是，虽然IT部门是企业数字化转型的重要承担者，但数字化需要由企业最高决策者进行计划和推动，并在企业内部达成共识，才能够切实有序地在整个组织内部落地和执行，而在这个过程中，数字技术起到的是赋能的作用，通过数据分析、云计算和人工智能等工具，推动运营、企业内部流程和企业业务的“降本”与“增效”。数字经济革命不仅仅是工具革命，更是企业整个流程体

---

[1] 搜狐网，《彭剑锋：数字化不仅仅是一种技术变革，更是一场认知与思维革命》，2018年8月22日，https://www.sohu.com/a/249327323_343325，最后浏览日期2020年5月6日．

系和价值创造方式的变革。IT层面的革新是数字经济的基础和必要条件，但并非终极目标。正因如此，更需要企业家与企业的高层管理者放弃“唯工具论”的想法，甚至摒弃一部分过去的经验，对企业发展数字经济的方向达成共识，愿意承担创新和变革的责任和风险，而不是将所有筹码压在技术本身。

误区三：发展数字经济就是需要“all in”。虽然拥抱数字经济需要最高决策者的决心，以及跨部门的配合和统筹安排，但并不等同于要在同一个时间段全面开花。急于找到突破口，或者希望利用数字化寻求新增长点的迫切之心可以理解，但“大干快上”式的投入会将有限的资源分散到各个层面，最后免不了浮于表面，难有突破。无论国内还是国外，都不乏数字化转型失败的案例，而大多数的失败都归结于在准备不足的情况下贸然行动。2007年，英国广播公司BBC就开始了迈向数字经济的征程，目的是建立数字媒体内容。然而，这次大刀阔斧的改革却在耗时数年之后无疾而终。在复盘时，因牵扯太多部门而造成的巨大协同成本，被认为是这次转型失败的重要原因之一。对企业而言，数字化转型只有起点，没有终点。企业需要长期利用数字技术提升业务效率、用户体验、重构产品服务甚至商业模式本身。因此，数字化转型是一个“破茧成蝶”的持续性过程，注定是一场需要持续投入和创新的“持久战”。

数字经济是什么

作为一个学术概念，数字经济（Digital Economy）最早出现在唐·塔普斯科特（Don Tapscott）的著作《数字经济：网络智能时代的希望和危险》（*The Digital Economy: Promise and Peril in the Age of Networked Intelligence*）一书中[1]。虽然唐·塔普斯科特并没有对数字经济下一个确切的定义，但是他强调数字经济不仅涉及技术本身，而且应该包括人类通过技术实现信息、知识和创造力的有效结合而形成的网络。随着数字经济的发展，学者们对数字经济的定义也在不断变化。总体来看，早期学者主要关注互联网，经常将数字经济与信息经济和互联网经济等概念混淆，而后期学者们则聚焦于移动互联网、物联网、云计算和大数据等新兴数字技术，更加清晰地界定数字经济的边界特征和部门构成[2]。

然而，根据现行的国民经济行业分类和统计制度，准确地

[1] Tapscott D. The digital economy: promise and peril in the age of networked intelligence [M]. McGraw-Hill, New York, 1996.

[2] Bukht R, Heeks R. Defining, conceptualising and measuring the digital economy [J]. Development Informatics Working Papers, 2017, no. 68. University of Manchester, Manchester.

界定"什么样的产品和服务属于数字化"却不是一件容易的事情。不同研究机构和学者对数字经济的行业和部门构成具有不同的看法。比如，爱德华·马莱基（Edward J. Malecki）和布鲁诺·莫里塞特（Bruno Moriset）在他们出版的著作《数字经济：企业组织、生产过程和区域发展》（*The Digital Economy: Business Organization, Production Processes and Regional Developments*）中指出，数字经济部门可以想像为一座金字塔，顶端是芯片和处理器等IT基础行业，第二层由计算机和信息通信产业组成，第三层是数字经济的主体部分，包括IT服务和科技制造业，最底层是那些被数字化技术所渗透的传统行业[1]。

联合国贸易和发展会议（United Nations Conference on Trade and Development，UNCTAD）认为，数字经济的具体产业形态包括数字基础设施行业、数字和信息技术部门、数字化产品和服务部门[2]。换言之，数字经济既存在于信息通信设备和软件服务产业，也存在于应用大数据、云计算、人工智能、物联网、区块链和5G等数字技术所产生的新型商业模式。

而中国信息通信研究院测算的数字经济包括信息通信产

---

[1] Edward J. Malecki，Bruno Morist. The digital economy: business organization, production processes and regional developments [M]. Routledge, 2008: 5–7.

[2] 联合国贸易和发展会议，《数字经济报告2019》，2019年9月4日，https://unctad.org/en/PublicationsLibrary/der2019_overview_ch.pdf.

业部分和数字经济融合两个部分。其中，信息通信产业主要包括电子信息制造业、信息通信业、互联网行业和软件服务业等，数字经济融合主要是指信息与通信技术产品和服务在其他传统领域渗透带来的产出增加和效率提升❶。按照这种方法测算，全球数字经济的规模占GDP的比重在4.5%至15.5%之间❷。

最近，麻省理工学院的两名学者发表在《哈佛商业评论》的一篇文章对数字经济的这种测算方法提出了质疑。他们认为，GDP的定义和价值非常清晰，但是单纯采用经济活动增加值的方法来衡量数字经济的规模并不完全可取，因为这种方法无法捕捉到数字经济所产生的潜在消费者剩余❸。比如说，有人愿意付你10元，前提是你必须停止使用微信。但大多数人不会愿意为了获得10元而放弃使用微信，这背后隐藏着微信给人们的生活带来的额外便利及收益要大于10元人民币，而GDP的衡量方法却不能准确地识别这一消费者收益。这恰恰说明，数字经济不仅仅给人类带来了财富的积累，更在无形中提升了消费者福利和人们的生活幸福感。

---

❶ 中国信息通信研究院，《中国数字经济发展与就业白皮书（2019）》，2019年4月17日，http://www.caict.ac.cn/kxyj/qwfb/bps/201904/P020190417344468720243.pdf.

❷ 联合国贸易和发展会议，《数字经济报告2019》.

❸［加］埃里克·布莱恩约弗森，［加］阿维纳什·克里斯. 如何衡量数字经济［J］. 哈佛商业评论（中文版），2019（12）：106-114.

数字经济有何独特性

正如著名战略管理大师迈克尔·波特（Michael E. Porter）所指出的，数字经济下智能互联产品的盛行将显著地改变企业间竞争、行业结构、行业边界和企业战略，开启一个全新的竞争时代[1]。不同于以往任何一次产业革命，数字经济革命不仅是对经济系统生产力和生产效率的提升，更是从底层对原有价值创造和企业经营逻辑进行深刻变革，是对传统工业经济秩序下的生产要素配置、消费方式、创新模式和企业战略框架的颠覆，具体体现在以下方面（见表0–1）：

表0–1　工业经济vs数字经济

	工业经济	数字经济
环境特点	需求相对确定	需求不确定且复杂
价值导向	产品导向	需求导向
经营逻辑	成本最小化，追求规模经济和范围经济	深耕垂直细分领域，实现价值最大化
关键生产要素	技术、资本	数据

[1] ［美］迈克尔·波特，［美］詹姆斯·贺普曼．物联网时代企业竞争战略［J］．哈佛商业评论（中文版），2014（11）：70–89.

（续表）

	工 业 经 济	数 字 经 济
创新模式	内部研发	开放式创新
组织形态	效率驱动型科层制结构	赋能型平台组织结构
消费者角色	价值获取者	价值共创者

第一，数据成为不可替代的核心生产要素。农业经济时代的核心生产要素是土地和劳动力，工业经济时代的核心生产要素是技术和资本，而数字经济的核心生产要素就是数据。数字经济有效运行的核心在于大数据，如果没有对海量数据的积累、分析和开发，场景驱动的商业模式设计和精准营销就不可能实现，数字经济也不可能推动从供给侧到需求侧的升级和变革。据联合国贸易和发展会议的报告，至2022年，全球每秒所产生的互联网协议流量（internet protocol traffic）将达到150 700 GB[1]。这些流量所产生的数据将成为人类社会的一笔巨大财富。美国政府甚至将数据视为“未来的新石油”和“陆权、海权、空权之外的另一种国家核心资产”。《大数据时代》的作者也认为，数据列入企业的资产负债表只是时间

[1] 联合国贸易和发展会议，《数字经济报告2019》，2019年9月4日，https://unctad.org/en/Pages/DTL/STI_and_ICTs/ICT4D-Report.aspx，最后浏览日期2020年7月6日。

问题[1]。2020年新冠肺炎疫情期间，中共中央、国务院印发的《关于构建更加完善的要素市场化配置体制机制的意见》将数据作为一种新的生产要素单独列出，明确了数据在数字经济时代的基础性和支撑性作用。基于业务逻辑流程的数据已经是企业不可多得的虚拟资产，越来越多的企业意识到数据的价值和重要性，甚至将数据看作未来市场的重要资源，企业级数据管理和数据价值的洞察，不仅是生产要素，还将成为竞争中的决胜因素。然而，从企业层面来讲，如何创造性利用这些海量的数据资源，最大限度地释放数据背后的潜在活力？这是数字经济时代摆在企业面前的核心课题。

第二，数字经济下生产者和消费者的界限变得模糊，所有企业都可能变成“客户运营商”，而几乎每一个独立个体都可能成为融合的“产销者”。在传统工业经济时代，企业沿着“比较优势+满足顾客”的战略路径，就一定能够找到适合自身发展的利基市场；而在数字经济时代，简单地满足需求远远不能够实现顾客对“美好生活”的向往，通过大数据技术引领甚至创造需求成为数字经济时代企业生存和发展的必然要

---

[1] ［英］维克托·迈尔–舍恩伯格，肯尼思·库克耶. 大数据时代：生活、工作与思维的大变革［M］. 周涛，译. 杭州：浙江人民出版社，2013：20–21.

求[1]。很大程度上，这是因为在需求端，企业面对的是从确定性需求到不确定性需求的转变。在数字经济时代，正如乔布斯所说："人们不知道想要什么，直到你把它摆在他们面前。"[2]在这个时代下，企业只有努力做到比消费者自己更懂自己，成为一名"客户运营商"，才能为消费者提供更好的产品和服务。比如小米公司，自创始之日起始终坚持"和用户交朋友，做用户心中最酷的公司"的企业愿景，依托"米粉"的流量效应打造了一个独特的生态链模式，创始人雷军先生一度被网友戏称为"雷布斯"，成为中国内地的"网红企业家"。在与用户及消费者的深度互动过程中，小米公司积累了庞大的用户行为偏好数据，用户以数据赋予的形式无形之中参与了小米产品的迭代更新，一个良性的价值共创体系得以形成。任何一家企业，要想在数字经济下实现真正突破，就必须意识到简单的产品生产者、服务提供商已不再是适应数字经济时代发展的战略定位，努力转型为"客户运营商"，充分调动和赋能既有和潜在客户，为其提供支持商业模式运转的核心生产要素，这将是数字化企业的重要战略选择。

---

[1] 陈春花，廖建文. 打造数字战略的认知框架［J］. 哈佛商业评论（中文版），2018（7）：118-123.

[2]［美］沃尔特·艾萨克森. 史蒂夫·乔布斯传［M］. 管延圻，等译. 北京：中信出版社，2011：518.

第三，数字经济孕育多方利益主体的价值共创，创新趋于开放式和协同化。数字经济时代是见证“快鱼吃慢鱼”的最好时代，创新速度决定着企业的生存和危亡，而开放式创新能够显著地加快新产品开发和产品迭代更新；数字经济时代最稀缺的资源不是技术和资本，而是最具创见的思想。这种思想往往在企业与客户、供应商、投资者等利益相关者的交互共享过程中涌现，洞悉消费者的既有和潜在需求特点是这一过程的核心。在这一时代，融入场景、融入生态和开放协同的数字化企业应运而生。它们往往以客户的需求为导向，以生态场景为触点，以数字科技为手段，建立与组织内部以及外部机构的连接与协同。它们以最敏锐的洞察力和最快的创新速度通过对现有事物的知识重组，创造出引领客户需求的新产品和新服务，在“流量为王”的新时代占据流量的入口。“由外到内”和“由内到外”双向协同流动的开放式创新模式在数字经济时代变得更加普遍。

第四，数字化企业战略逻辑的塑造取决于垂直细分行业的纵深发展。垂直意味着纵向延伸，而非横向扩展，细分则是在垂直行业板块里面，再挑选主要的业务深度发展。按照传统工业经济的战略逻辑，企业努力追求规模经济和范围经济，希望“把盘子做大”，打造“航空母舰式”的世界级企业。

但是，在数字经济时代，生产规模作为企业竞争优势的来源将难以为继，即便是规模达到垄断地位的企业，也有被瞬间掀翻的风险[1]。关注某一垂直领域，专注于某一细分市场的消费“痛点”，“做大用户规模”才是数字化企业需要遵循的新战略逻辑。如本书将重点探讨的美图，作为一家聚焦于用户对“美”需求的平台型企业，它自诞生之日起就专注于为用户提供“美”相关的产品和服务，以“让每个人都能简单变美”为使命，围绕“美”创造了如美图秀秀、美颜相机、美拍、美图宜肤及美图魔镜等一系列软硬件产品，既满足了用户对美的需求，也改变了用户创造与分享美的方式，使自拍文化成为一种新风尚。如果说传统工业经济时代企业所崇尚的是效率文化的话，那么数字经济时代企业更加需要以“匠心”精神为中心，融入“精益”文化的内涵，打造“精一型”企业。

全球数字经济战略一览

毋庸置疑，数字经济是真正面向未来的经济新形态。正因为如此，世界各国都在加紧数字经济的布局，以求在新一轮国

---

[1] 宁宇. 数字化时代，规模未必是优势［J］. 金融经济，2019（3）：51-53.

家竞争中立于不败之地。特别是在2020年新冠肺炎疫情期间，各国普遍加速了数字经济的发展，将提高数字解决方案、工具和服务的使用作为应对“后疫情时代”经济衰退的重要依托。

在全球范围内，美国是最早布局数字经济的国家，20世纪90年代启动了“信息高速公路”战略，美国商务部相继发布了《浮现中的数字经济》《新兴的数字经济1999》《数字经济2000》《数字经济2002》和《数字经济2003》等重要报告，奠定了数字经济发展的领头羊地位[1]。最近几年，美国更是加紧了对数字经济的战略布局，美国商务部、国家电信和信息管理局、经济和统计管理局、国家网络安全委员会等围绕“数字国家”发布了一系列数字经济发展报告。2018年8月，美国白宫正式发布《美国国家网络战略》，这是特朗普政府出台的首份国家层面的网络战略报告。

虽然各成员国数字化发展并不均衡，但欧盟在数字化战略方面也是先行者。1993年，欧盟在《成长、竞争力与就业白皮书》中首次提出了欧洲信息社会具体意见，重点加快网络基础建设。2000年，“里斯本战略”发布，欧盟宣布要在2010年前成为“以知识为基础的、世界上最有活力和竞争力的经济

[1] 中国信息通信研究院，《全球数字经济新图景（2019年）》，2019年10月11日，http://www.caict.ac.cn/kxyj/qwfb/bps/201910/P020191011314794846790.pdf.

体”[1]。2019年6月，欧盟委员会发布了《2019年数字经济和社会指数（DESI）》，从宽带连接、人力资本、互联网服务使用、数字技术集成和数字公共服务五个方面衡量成员国的数字经济和社会发展水平。芬兰在总体指数排名中位列第一名。这主要得益于芬兰地广人稀，进行了先进的数字基础设施建设，以及芬兰人民相对开放积极拥抱科技的文化价值观。

而在亚洲地区，日本和韩国最早从政府层面提出了数字经济发展战略。2001年，日本政府出台了“e-Japan”战略，促进信息化基础设施建设，随后又提出了“u-Japan”战略，营造和优化上网环境。为了在新一轮国家竞争力的博弈中取得优势地位，日本政府充分认识到发展数字经济的重要性。2017年，日本前首相安倍晋三提出了“互联产业”（connected industries）这一新概念，并指出互联产业将成为日本发展数字经济的重要方向[2]。2004年，面对全球信息产业新一轮“U”化战略的政策动向，韩国信息通信部提出“u-Korea”战略，并于2006年确定总体政策规划。特别是在2020年新冠肺炎疫情期间，韩国借助数字化技术抗疫、防疫，在不封城的情况下有

[1] 马化腾，孟昭莉，闫德利，王花蕾．数字经济：中国创新增长新动能［M］．北京：中信出版社，2017.

[2] 刘平，孙洁．日本以“互连产业”为核心的数字经济发展举措［J］．现代日本经济，2019（4）：24-33.

效地控制了疫情在境内的蔓延。

随着网络连接性的改善和数字化企业的全球扩张，发展中国家也逐步成为全球数字经济的重要舞台。特别是2008年金融危机以来，各国普遍加快了对数字经济的战略布局，并将数字经济作为应对经济下行压力的“优选”战略。2015年，基于本土杰出的IT人才优势和IT产业基础，印度总理莫迪喊出了“数字印度”的口号，旨在从数字基础设施建设、数字化政府服务和公民数字教育三个方面推动印度的经济社会数字化转型。“数字印度”正在帮助印度经济驶入“快车道”，为未来印度经济的高速增长带来巨大红利。据摩根士丹利发布的报告，借助数字经济的发展，印度将在未来10年内发展成为全球第三大经济体[1]。另外，俄罗斯总统普京近年来也曾在多个场合公开表示，“俄罗斯将向数字经济过渡”，“发展数字经济是俄罗斯经济领域第一要务”。2017年，俄罗斯政府将数字经济列入“俄联邦2018—2025年主要战略发展方向目录”，并于同年批准了《俄联邦数字经济规划》，数字经济在俄罗斯的发展进入新的蓬勃发展时期。

[1] 摩根士丹利，《印度数字飞跃：数万亿美元的机遇》，2017年10月12日，https://www.morganstanley.com/ideas/digital-india.

中国作为全球信息化的后起之秀，近年来凭借着由“劳动力红利”转化而来的“数字消费者红利”，迅速抢占全球数字经济领域的战略新高地。如同数字技术的快速变革一般，中国对数字经济本身的认识也在不断演化。在正式采用数字经济之前，中国更多采用的是“信息经济”的提法。而在由政府主导的一系列具体战略行动中，又较多采用了金字工程、信息产业、信息化、两化融合、电子商务、“互联网+”和大数据等概念[1]。习近平总书记在2016年的G20杭州峰会上对数字经济进行了着重强调，之后中国开始在官方文件和重大场合采用数字经济的提法。2017年，《政府工作报告》首次写入数字经济，明确提出“促进数字经济加快成长”。2019年，李克强总理进一步在《政府工作报告》中强调“壮大数字经济”。在2020年新冠肺炎疫情的特殊时期，数字经济的地位在《政府工作报告》中再度被明确，李克强总理指出：“电商网购、在线服务等新业态在抗疫中发挥了重要作用，要继续出台支持政策，全面推进‘互联网+’，打造数字经济新优势。”

从内地空间分布来看，中国数字经济的发展呈现出明显

[1] 闫德利. 数字经济的由来［J］. 中国信息化，2017（11）：86-87.

的集群效应（clustering effect）[1]，广东、江苏、北京、浙江和山东增速领跑全国，位列“数字中国指数”前五名[2]。同时，各地发展数字经济的政策又各有侧重，总体上表现为“百花齐放、各领风骚”的局面。2017年，广东率先在全国部署“数字政府”建设，并于次年印发了《广东省“数字政府”建设总体规划（2018—2020年）》，推动政务数字化。而作为引领全球数字消费的“弄潮儿”，浙江早在2014年就明确了将以互联网为核心的数字经济作为支撑浙江经济发展的重中之重。2018年，浙江省委经济工作会议上又将发展数字经济作为“一号工程”，加速推进产业数字化，提出要努力打造全国数字产业化发展引领区、产业数字化转型示范区、数字经济体制机制创新先导区和具有全球影响力的数字科技创新中心、新型贸易中心、新兴金融中心（“三区三中心”）等。

据中国信息通信研究院测算，2002年，中国数字经济的

---

[1] 按照迈克尔·波特在《国家竞争优势》中所提出的观点，一国之内的优势产业并不是平均分散在该经济体，而是以组群的方式，借助于各种各样的价值链环节连接在一起，形成若干相互关联的产业集群。中国内地数字经济的集群现象是中国数字基础设施建设的空间不平衡性和数字消费者的成熟度差异造成的。东部沿海省份的经济基础较好，数字基础设备的规划也较早，而且东部主要城市聚集着庞大的年轻消费群体，因而数字消费的意识比较超前。相反，中西部省份本身经济基础就较为落后，数字基础设施建设明显晚于东部省份，消费者不能最早接触到新兴数字技术所带来的商业变革，因而数字消费观念也不如东部省份超前。

[2] 数字中国指数由腾讯研究院发布，下设数字产业、数字文化、数字生活和数字政务四大板块，紧密联系了产业、消费和政务这数字化发展的三大领域。

总体规模只有约1.2万亿元，占当年GDP的10.3%[1]；而到2019年，中国数字经济规模达到了35.8万亿元，占到当年GDP的36.2%[2]。中国数字经济的年均增速在15%左右，显著地高于同期GDP的增长速度，为中国经济快速、平稳、健康地发展贡献了重要力量。未来5年内，中国数字经济仍将保持指数级增长的态势，预计到2025年其总体规模将达到60万亿元，占GDP的一半以上[3]。对于身处这一数字经济潮流中的企业而言，数字化不仅是大势所趋，更是必然选择。在此背景下，要不要数字化似乎并不需要过多思考，如何实现数字化才是摆在企业管理者面前的一个更迫切、更值得深入探讨的问题。

企业数字化转型

如果以数字经济时代的视角去扫描数字经济企业的类型，

[1] 中国信息通信研究院，《中国数字经济白皮书（2015—2018合集）》，http://www.caict.ac.cn/kxyj/qwfb/bps/201904/t20190417_197905.htm，最后浏览日期2020年7月2日.

[2] 中国信息通信研究院，《中国数字经济发展白皮书（2020年）》，2020年7月3日，http://www.caict.ac.cn/kxyj/qwfb/bps/202007/t20200702_285535.htm，最后浏览日期2020年7月3日.

[3] 新华网，《中国信通院：预计2025年我国数字经济达到60万亿元》，2019年12月27日，http://www.xinhuanet.com/fortune/2019-12/27/c_1125396592.htm，最后浏览日期2020年5月6日.

会发现，它们要么是天生数字化企业，要么正在或者已经转型为数字化企业。天生数字化意味着企业在成立之初就按照数字化的商业模式运营，相比之下，数字化转型一般是由传统企业借助于数字化技术，根据数字化的思维模式优化资源配置效率，构建新型竞争优势的过程。

伴随着数字经济的发展，全球消费市场迅速进入一个由“数字原生代”和“数字移民”[1]所主导的数字世界。他们追求数字化、智能化、个性化和快速化的消费风尚，将“秀才不出门，尽取天下物”的数字消费模式发挥得淋漓尽致，而对传统的消费模式不屑一顾。据国际数据公司（International Data Corporation，IDC）的数据，仅数字原生代就占据了全球总人口数的四分之一[2]。面对数字原生代和数字移民所带来的潜在市场机会，创业者该如何通过商业模式设计、产品和服务模式创新去把握这一市场机会？如何在全球数字经济大舞台中占据自己的一席之地？对于全球的创业者来说，都是值得深入思考

[1] 著名教育游戏专家Marc Prensky最早于2001年提出了“数字原生代”（Digital Natives）和“数字移民”（Digital Immigrants）这两个概念。数字原生代是指出生于拥有各种数字技术和设备的时代，且能够快速地运用新兴数字技术满足自己不同方面需求的年轻人。数字移民是指那些出生较早，在面对新兴的数字技术和各种数字科技产品时，必须花费一番时间和精力去适应的“新居民”。

[2] 华西都市报，《IDC中国区总裁霍锦洁：数字化原生代占全球四分之一　数据是关键》，2017年8月12日，https://e.thecover.cn/shtml/hxdsb/20170812/50979.shtml，最后浏览日期2020年5月6日.

的重要问题。在天生数字化企业的发展潮流之下，数字创业也将引领新一波消费潮流，成为未来经济增长的新高地。

另外，如同互联网的诞生和普及催生了新的商业模式，也颠覆了诸多行业那样，数字化革命也为许多企业敲响了警钟，数字化转型甚至已经成为许多企业言必谈之的战略口号，许多企业家和高层管理者也将数字化视为第一要务。国际数据公司研究报告显示，全球1 000个大企业中67%已经把数字化转型变成了企业级的战略。数字化转型也正在成为许多中国企业的核心战略。然而，作为一个引起企业界和学术界广泛讨论的热点话题，企业数字化转型并不是最近几年才开始备受关注的。从20世纪90年代开始，互联网和信息技术进入大规模商用时代，许多大型企业开始运用信息技术推动企业内部的业务流程变革，一时间“企业再造”“流程再造”成为大家谈论的热门话题，办公自动化（Office Automation，OA）、企业资源计划（Enterprise Resource Planning，ERP）、客户关系管理（Customer Relation Management，CRM）、制造执行管理系统（Management Executive System，MES）和供应链管理（Supply Chain Management，SCM）等构成了描述企业数字化转型的话语体系，学术界也掀起了一波讨论“信息技术能否带来企业竞争优势”的浪潮。我们把这一阶段基于IT架构的信息化管理称之为企业数字化转型1.0阶段（见表0–2）。

表0–2 数字化转型1.0 vs 数字化转型2.0

	数字化转型1.0	数字化转型2.0
开始时间	20世纪90年代中后期	2015年前后
核心技术	互联网、桌面计算	移动互联网、云计算、大数据、物联网、人工智能、5G等
阶段主题	业务数据化	数据业务化
核心目标	提升效率、降低成本	商业模式创新
主要推动者	大型企业	各类型企业，特别是科技型新创企业

最近几年，随着云计算时代的到来，企业开启了基于云架构的智能化运营，从“业务数据化”转向“数据业务化”，加快迈入数字化转型2.0阶段，或者说“数智化转型”阶段。2019年12月，在阿里巴巴第二届ONE商业大会上，阿里研究院联合四大权威机构，重磅发布了《重构增长力量：2019企业数智化转型发展报告》。该报告认为，在企业数智化转型阶段，新的增长动力将来源于消费者资产、产品力和组织力这三者的相互促进、相互激活。但是，传统企业又该如何去撬动消费者资产？如何推动数字经济时代下产品的迭代更新？如何充分释放组织的活力从而迎接数字化的挑战？这些都是数字化转型过程中管理者需要重点考虑的战略议题。

不管是对于天生数字化企业，还是数字化转型中的传统企业而言，制定一个最适合自己的数字化战略都至关重要。从企业“想做”（赋新）、“能做”（连接）和“可做”（跨界）三个维度出发，有学者构筑了实现数字化转型的四种路径，或者说是数字化转型的四种战略模式，包括连接器、重构者、颠覆者和新物种[1]。

- 连接器。在这一战略模式下，企业选择同时在“连接”和“跨界”之间寻求战略突破，但是并没有赋予所在行业新的价值意义。比如知识付费领域的“得到APP”，它将媒体人、投资者等原本游离于教育行业的跨界者连接在一个平台上，让用户可以学习到更多元化的知识，但是就它本身而言，并没有改变教育的本质。
- 重构者。保乐力加正是这一战略路径的实践者。它所进行的数字化改造仍然是在传统洋酒行业内，并不寻求所谓的跨界创新，但是它通过赋予洋酒消费新的价值内涵，以数字化营销的方式“连接”了新一代的年轻消费者的需求，实现了在原有行业内的价值再造。它确非跨界者，但却也是赋新者和连接者。

[1] 陈春花，廖建文．打造数字战略的认知框架［J］．哈佛商业评论（中文版），2018（7）：118-123.

- 颠覆者。部分企业选择了跨界融合的方式，它们不连接原有系统以外的要素，但是却赋予了原有系统新的价值。比如滴滴出行，从某种程度上来说，它既是互联网公司，又是传统的出租车公司，它以互联网的思维和技术将原本分散的出租车市场统一在一个平台之下。可以说，它并没有改变出租车市场原有的存量资源，但是它通过平台服务赋予出租车市场新的价值内涵，重新定义了出行。
- 新物种。在这一战略模式下，企业选择在三个维度同时进行突破，重新定义顾客需求，重新定义产业，也重新定义自身的资源和能力边界。同样也是滴滴，它的快车和顺风车业务就是这样的新物种。

需要指出的是，数字化战略模式并不是单一固定的，也不存在一劳永逸的数字化战略选择。从某种角度来说，滴滴出行既是“颠覆者”又是“新物种”，甚至也是“重构者”。那么，是不是还存在其他数字化战略的模式选择呢？企业数字化战略模式又是如何演变呢？我们将在后续的章节中进一步讨论。

本书基于天生数字化和数字化转型两种视角，试图去总结和归纳数字化实践卓有成效的领先企业的成功密码。根据这两个不同的视角，本书分为两大部分：第一大部分包括第1、

2章，分别就天生数字化和数字化转型的理论和实践情况进行了探讨；第二大部分精选了4个案例，其中，第3、4章对应天生数字化部分，第5、6章对应数字化转型部分。通过这两个不同的视角和4个案例，我们力图构筑一个实现数字经济的完整体系。

未来已来。可以说，现在已经是一个“无业务不数据、无数据不智能、无智能不商业”的世界，一场席卷全球、冲击所有行业的数字化革命将不可避免。数字经济所带来的新挑战和新机遇，你准备好了吗?

第❶章

数字创业：天生数字化企业的「入海弄潮」

“在当下，每一个创业者都是数字创业者。”

——埃森哲（Accenture）公司

随着移动互联网、大数据和人工智能等数字技术的普及和应用，人类社会正在开启一个全新的创业时代，“数字创业”（digital entrepreneurship）成为这一时代下众多创业者的不二选择。国际著名管理咨询和技术服务公司埃森哲（Accenture）甚至称：“在当下，每一个创业者都是数字创业者。”[1]从企业层面来说，数字创业的“全球大流行”促使经济结构中涌现了大量的“天生数字化企业”（born digitals）。它们从诞生之日起，就借助数字技术实现了运营和交付模式的数字化，为顾客提供数字化的产品或服务，如字节跳动、滴滴出行和快手等[2]。凭借着它们与生俱来的数字化能力，它们迅速成长壮大，日益发展成为经济活动中最具创新活力和增长潜力的

[1] Leon Spencer, “Every entrepreneur is a digital entrepreneur: Accenture”, July 21, 2014, https://www.zdnet.com/article/every-entrepreneur-is-a-digital-entrepreneur-accenture/, 最后浏览日期2020年6月5日.

[2] Eden, L. 2018. The fourth industrial revolution: Seven lessons from the past. In R. van Tulder, A. Verbeke, & L. Piscitello (Eds), International business in the information and digital age (vol. 13, pp. 327–356). London: Emerald.

"拓荒者"。

在过去，典型的世界500强企业要达到10亿美元的估值平均需要20年，而作为天生数字化企业，优步（Uber）、色拉布（Snapchat）和小米等只用了不到4年时间[1]。其中,成立于2010年的小米仅仅用了9年时间就进入了"世界500强排行榜"。如果以小米首次进入这一榜单的时间（2019年）作为参考基准的话，小米比其他世界500强企业年轻了整整60岁，比中国其他的世界500强企业也年轻了25岁[2]。天生全球化企业的创新活力在其他一系列的榜单中充分体现。如美国最具影响力的商业杂志《福布斯》（*Forbes*）[3]和《快公司》（*Fast Company*）[4]在最近分别发布的"世界最具创新力公司排行榜"中，六成以上的企业都属于天生数字化企业，它们大部分都是在近5年成立的新创企业，其中一些企业甚至已经成长为市值超过10亿美元的"独角兽企业"。可以说，成长速度快、创新能力

---

❶ World Economic Forum，埃森哲.行业数字化转型：数字化企业.

❷ 中金网，《世界500强公司"年龄"数据分析：中国公司平均34岁》，2019年9月19日，http://www.cngold.com.cn/20190929d1703n339373526.html，最后浏览日期2020年6月5日.

❸ Forbes, The World's Most Innovative Companies, https://www.forbes.com/innovative-companies/list/，最后浏览日期2020年6月5日.

❹ Fast Company, The World's 50 Most Innovative Companies of 2020, https://www.fastcompany.com/most-innovative-companies/2020，最后浏览日期2020年6月5日.

强、发展潜力大已然是新时代背景下天生数字化企业的核心特质。

数字创业和天生数字化企业的“暗流涌动”不仅激发了世界经济的活力，更为全球就业和贫困等社会问题带来了新的解决方案。埃森哲的一份研究报告显示，如果各个经济体能够有效地去除在数字基础设施、居民数字素养和多边数字平台等方面潜在的数字化壁垒，数字创业甚至可以为G20国家的年轻人新增1 000万个工作岗位[1]。数字创业对稳定就业和消除贫困方面的作用在中国可谓是体现得淋漓尽致。以外卖行业为例，截至2019年底，累计约有720万名外卖骑手在美团平台实现就业增收，其中有43.2万人来自国家建档立卡的贫困人口[2]；在2020年新冠肺炎疫情期间，仅4个月内美团就新增骑手超过95万人。而饿了么旗下蜂鸟配送如今聚集了超过300万名外卖骑士，他们当中绝大多数是来自农村地区的年轻群体，在蜂鸟配送平台上取得的劳动收入甚至高于城镇

❶ Accenture, The promise of digital entrepreneurs: Creating 10 million youth jobs in the G20 countries, https://www.accenture.com/us-en/ ~ /media/accenture/conversion-assets/dotcom/documents/global/pdf/dualpub_1/accenture-promise-digital-entrepreneurs-creating-10-million-youth-jobs-g20-countries.pdf，最后浏览日期2020年6月5日.

❷ 美团，《2019年外卖骑手就业扶贫报告》，2020年3月12日，https://max.book118.com/html/2020/0408/8112030076002105.shtm，最后浏览日期2020年7月7日.

私营单位员工的薪资水平[1]；同样，在新冠肺炎疫情期间（至2020年6月），饿了么注册外卖骑手（“饿了么蓝骑士”）新增了120万人，近三成是城镇失业人口[2]。作为服务于实体经济的数字化平台，美团和饿了么为疫情期间国家的“保就业”和“稳增长”工作发挥了积极作用[3]。随着各国数字基础设施的不断完善，在全球范围内数字创业所带来的社会福祉将更加凸显。

数字创业

数字创业（Digital Entrepreneurship）是创业研究中一个新兴的热点话题，但是相关的研究仍处于起步阶段，对这一概念的内涵界定仍不清晰。广义上来说，数字创业是应用数字技术识别和开拓市场机会、创造新的数字化产品或服务的过程，既包括创办一家新的数字化企业，也包括现有企业的数字化转

---

❶ 蜂鸟配送，《2018外卖骑手群体洞察报告》，2018年12月29日，https://www.useit.com.cn/thread-22896-1-1.html，最后浏览日期2020年6月23日.

❷ 搜狐网，《饿了么：疫情期间蓝骑士新增120万人》，2020年6月9日，https://www.sohu.com/a/400634893_100106801，最后浏览时间2020年6月23日.

❸ 腾讯网，《美团疫情过后多了95万人送外卖！近2月又增60万，新增骑手数量惊人》，2020年5月25日，https://new.qq.com/rain/a/20200524A0DRRI00，最后浏览日期2020年6月5日.

型[1]。在本章中，我们将侧重于前者，关注数字创业者的创业实践，而关于数字化转型（一些研究也将其视为公司内部创业）的内容将在下一章进行讨论。

欧盟委员会的一份研究报告指出，尽管在实践中信息通信技术（Information Communications Technology，ICT）创业和数字创业这两种表述都被广为接受，但是数字创业更能够彰显企业家在ICT行业内部和外部所做的数字化努力，因而我们采用数字创业这种表述，其可以划分为数字技术创业和数字赋能创业[2]。这两者的区别在于，前者直接关注ICT市场的创业机会，革新或者创造新的ICT产品（如提供云计算和大数据服务），而后者一般是通过使用ICT技术和产品，提供新的数字化服务（如搭建一种垂直细分平台）。早在100多年以前，经济学家熊彼特（Schumpeter）就提出了创新的五种形态，包括推出一种新产品、采用一种新的生产方法、开辟一个新市场、

❶ APEC, Digital Entrepreneurship across the APEC Region，2017年11月，https://cn.bing.com/search?q=Digital+Entrepreneurship+across+the+APEC+Region&qs=n&form=QBLHCN&sp=-1&pq=digital+entrepreneurship+across+the+apec+region&sc=0-47&sk=&cvid=002722C79F5D4408A1363B60F62B4701，最后浏览日期2020年7月7日.

❷ M Bogdanowicz (2015), Digital Entrepreneurship Barriers and Drivers, https://publications.jrc.ec.europa.eu/repository/bitstream/JRC96465/jrc96465_%20digital%20entrepreneurship%20barriers%20and%20drivers%20-%20the%20need%20for%20a%20specific%20measurement%20framework.pdf，最后浏览日期2020年7月7日.

寻找原材料的新来源、塑造新的组织形式。从这一角度来说，创业本身也是一种创新活动，而数字创业则是利用ICT技术所进行的产品创新、服务创新、流程创新、市场创新和商业模式创新等。

而从狭义上来说，数字创业表示创业者或创业团队追求新的数字化机会，创建一个新的数字化企业的过程。根据企业在数字经济中的功能和角色，联合国贸易和发展会议将数字化企业的类型划分为互联网平台企业、数字解决方案提供商、电子商务企业和数字内容提供商[1]。

- 互联网平台企业是指那些搭建供需双边或多边的网上中介机构，包括网络搜索引擎（如Google和百度）、社交网络工具（如微信、Facebook、Twitter）和O2O企业（如美团、滴滴出行和携程）等。针对数字用户细分领域的需求和消费场景特点，搭建垂直细分小平台，已经成为最近几年吸引创业者的重要方向。比如，在知识付费领域，知乎、得到APP、喜马拉雅FM等异军突起，快速吸引了大量用户和关注度，现在都已经是各

---

[1] UNCTAD. (2017). Chapter IV: Investment and the digital economy and technical annex: The top 100 digital MNEs. In World investment report: Investment and the digital economy. Geneva, Switzerland: UNCTAD.

自细分领域的领军者。

- 数字解决方案提供商包括移动支付工具（如支付宝、微信和PayPal）、移动办公软件提供商（如石墨文档、印象笔记）和数字技术服务商等。当知识服务成为一种有定价、服务内容清晰的互联网产品（比如一次雅思考试在线讲座、一堂网络直播课程）的时候，如何实现知识服务的过程管理和流程控制就成了众多知识服务提供商需要考虑的问题。小鹅通作为一家专注于教育领域的技术服务商解决了这一问题。创业不到4年时间，小鹅通的签约商家数量已经突破100万中，包括吴晓波频道、英语流利说、樊登读书等明星企业，服务覆盖教育、知识付费、企业大学和在线直播等领域。
- 电子商务企业包括B2C和互联网新零售企业。经过十多年的高速发展，阿里巴巴旗下的天猫和淘宝不管是在交易量还是在入驻商家数上都遥遥领先，京东次之，最近几年苏宁易购融入线下商超也在快速追赶。而在各个细分领域，唯品会、当当网、小米有品、网易严选、盒马鲜生等依然占据了一定的市场份额，拼多多则通过“社交+电商”的新模式大有撼动电商市场格局之势。从体量和市值上来说，拼多多甚至已经超越京东，截至2020年第一季度，拼多多活跃用户数已达6.28亿，直逼淘宝[1]；而早在2019年10月，拼多多市值就第一次超越京东，时隔7个月后，2020年5月拼多多市值一度上涨10%，再度超越京东[2]。时至今日，中国电商市场逐渐形成阿里巴巴、京东和拼多多“三足鼎立”的竞争态势。除此之外，各种类型的“微商”平台也在借势入局，如有赞和微盟，掀起了一波“全民开店”的热潮。

- 数字内容提供商则涵盖了那些创造数字媒体、游戏、数据和信息的企业。在数字化时代，当手机的那一块小屏幕占据我们大量时间的时候，获取优质的数字内容便成为我们最大的价值诉求。创建于2009年的“哔哩哔哩”（bilibili）又被粉丝亲切地称为“B站”，围绕“Z世代”用户的特征，哔哩哔哩打造了一个连接“UP主”、用户和内容的网络流行文化社区。活跃的“UP主”和忠实的粉丝之间形成了共生的创作生态，铸就

[1] 搜狐网，《拼多多2020年Q1财报解析》，2020年5月24日，https://www.sohu.com/a/397426069_355108，最后浏览日期2020年7月3日.

[2] 36氪，《“后浪”拼多多市值又超越京东了》，2020年5月14日，https://36kr.com/p/706983839504902，最后浏览日期2020年7月3日.

了新一代年轻人的文化生活方式，“B站”甚至成为互联网优质内容创作的代名词。与哔哩哔哩一样，2013年创建的“小红书”也瞄准了年轻人的生活场景，它以“Inspire Lives 分享和发现世界的精彩”为使命，鼓励用户通过图文和短视频的方式分享自己的生活点滴。基于用户的经验分享，小红书构建了“社区电商”的商业模式，实现内容和产品的相互转换，被《快公司》评为2019年度“世界最具创新力公司”。

当然，不同企业类别之间并不完全是割裂的，部分数字化企业的类别还存在着重叠关系。随着数字技术的发展和逐步成熟，将会有更多的创业机会从创造性地利用数字技术中涌现，新的数字化企业类别也将会源源不断地出现。

从技术的视角来看，这些企业的创业实践正在冲击传统创业理论，挑战传统创业理论的基本假设[1]。具体体现在以下两个方面：

（1）数字技术的普及打破了传统创业模式的时间和空间限制，创业过程和结果的边界日益模糊化。在传统的创业理论

❶ Nambisan, S. Digital Entrepreneurship: Toward a Digital Technology Perspective of Entrepreneurship [J]. Entrepreneurship Theory and Practice, 2017, 41(6), 1029–1055.

当中，我们总是从一个“边界约束”的视角来理解创业，认为创业是在相对固定的产业边界内所进行的机会识别或创造活动，遵循既定的产业发展路径和产品生命周期。然而，随着数字技术的扩散，这种边界的可渗透性和流动性日益强化，越来越多的数字化企业正在走向“跨界协同”和“跨界融合”。比如小米，它是全球第四大智能手机生产商，但是小米的产品却遍及手机、电视、笔记本和家电等一系列智能硬件。围绕着“粉丝文化”，小米塑造了一个开放、独特的全球化小米生态链模式，与其说小米是手机生产商，还不如说它是一家生态型企业，甚至是文化企业。除此之外，国际化也不再是大企业的“专利”，借助数字应用和数字化平台，许多天生数字化企业并不存在明显的运营范围和地域限制，其用户来源从一开始可能就是全球化的。比如说微信，虽然它的用户主体仍然还是在中国内地，但是由于连接用户的特点，自诞生之日起微信就跟随着广大华人用户的脚步踏遍了全世界。

（2）数字技术在全球范围内的广泛扩散，大大提升了居民的数字素养，在此背景下创业主体的来源日趋分散化和多样化，创业动机和目标更具社会性。过去很长一段时间内，创业的研究都集中于创始人或创业团队，关注的是个体和团队特征如何影响创业过程和结果，其潜在假设在于创业者的主导作用和商业“精英主义”。然而，数字平台（如美团、滴滴出行和云集）和数字环境（如众创空间、众包和众筹模式）的发展推动价值创造模式的“大众化”，创业也不再只是少数精英群体的权利，而是普通老百姓都可以参与的“民主化”活动。按照传统的创业理论，美团骑手、滴滴司机和云集店主最多也不过只是平台用户而已，但是他们却实实在在地创造了新价值，既实现了个人财富的积累，也实现了与平台共同成长。从更大层面来说，他们也是新时代背景下锐意进取的创业者[1]。另外，在数字技术的持续发酵下，数字技术与社会创业（social entrepreneurship）[2]的结合也屡见不鲜。如美团所搭建的平台创造了720多万个工作岗位，间接地为国家稳定就业和根除贫困做出了重要贡献，而水滴筹和轻松筹一开始的创意就来源于解决直接医疗问题。可以说，数字创业已经不仅是个体追求经济价值的方式，更成为了实现社会价值最大化的有效途径[3]。

在这一新的数字创业时代背景下，双重目标的实现不能仅仅依靠数字创业者的单打独斗，只有在全社会范围内形成

❶ Sussan F, Acs Z J. The digital entrepreneurial ecosystem [J]. Small Business Economics, 2017, 49(1), 55-73.

❷ 社会创业是利用市场方式解决贫困、歧视和环保等社会问题的创业活动，追求社会价值和经济价值的双重目标。

❸ 刘志阳，赵陈芳，李斌.数字社会创业：理论框架与研究展望［J］.外国经济与管理，2020，42（4）：3-18.

一个开放、共享和互信的数字化环境，构筑跨行业、跨地域，甚至跨市场的“数字创业生态系统”（digital entrepreneurial ecosystem），才能让数字技术充分释能，释放出最大的活力。

数字创业生态系统

整合了数字生态系统（digital ecosystem）和创业生态系统（entrepreneurial ecosystem）的相关研究，美国学者Sussan和Acs首次提出数字创业生态系统的概念。他们认为，创业生态系统的研究基于系统的视角理解创业，是对以往基于创业者行为视角研究创业的进步，但是大多数研究并未能将数字技术的影响纳入研究的情境；另一方面，数字生态系统作为一个备受理论和实践关注的新概念，有效地揭示了数字技术对宏观产业环境和企业竞争优势的影响，但是多方创业主体（包括用户在内）的主观创造性并不是数字生态系统所关注的重点内容。简而言之，数字技术是数字创业的基础，但是数字创业的实现依靠的却不仅是创业者，还包括一切使用数字技术创造新产品和服务的用户，而数字创业的成功更是制度层面和个体层面因素相互作用的结果。

基于此，有学者根据数字生态系统和创业生态系统两个维度，构筑了数字创业生态系统的四大支撑结构，包括数字用户公民权利（digital user citizenship）、数字治理规则（digital infrastructure governance）、多边数字化平台（digital multisided platform）和数字技术创业环境（digital technology entrepreneurship）[1]。全球创业与发展研究所（Entrepreneurship and Development Institute）沿用了这一评估结构，并在过去几年内对全球116个国家或地区的数字创业生态系统成熟度进行了衡量，形成了一个反映各地区数字化实践的数字创业指数（digital entrepreneurship index）。在最新的数字创业指数排行榜中，美国、英国、荷兰、加拿大和瑞典分居前五位，由于地域数字经济发展的不平衡，中国排列第58名，数字创业指数只有28.1分，与美国相差了56.7分[2]。这一指数的落后并不意味着中国缺乏开放、共享的数字创业生态系统。恰恰相反，依托阿里巴巴和腾讯等大企业、大平台所搭建的数字创业生态系统在中国已然形成。然而，在建立一个走出国门且具有全球竞争力的数字创业生态系统方面，中国确实还需要走很长一段路。

---

❶ Song A K. The digital entrepreneurial ecosystem — a critique and reconfiguration. Small Business Economics, 2019.

❷ Acs Z J, Szerb L, Komlósi E, Lafuente E, Song A K. Measuring digital entrepreneurship ecosystems: The Digital Entrepreneurship Index (2019).

1. 数字用户公民权利

数字用户是那些在生态系统中运用数字技术以促成某种交易的个体，他们既可能是需求端的消费者，也可能是供给侧的生产者，甚至还可能是融合了两种角色的“产消者”。滴滴出行连接了滴滴司机和乘客两大用户群体，美团外卖和饿了么连接了商家、骑手和订餐者三大用户群体，微信则连接了信息发送者和接收者、公众号运营者和订阅者、广告发包方和承包方六大用户群体。尽管不同用户群体之间的边界并不是特别清晰，部分用户甚至可能同时具备几种用户角色，但是不同地区间，甚至同一地区不同时间内用户的数字素养仍然呈现出显著的差异。如果平台的战略理念太过于超前，以至于缺少相对应的用户群体，任何新奇的数字创业行动都是无效的。

比如说易到用车，2010年5月就在北京正式开始运营，比Uber早了5个月，比滴滴早了2年多。可以说，易到用车进入专车市场时，中国的移动互联网都尚未兴起，足见其起步之早[1]。正因为如此，当时市场上也尚未培养“网上打车”的用户习惯，而易到用车却“自视清高”，看不上也不愿加入专车

[1] 梁爽. 易到：先行一步的追随者［J］. 商界（评论），2015（9）：130-132.

市场的烧钱大战。随着Uber和滴滴等一大批“后发者”快速逆袭生长，这个全球专车市场最早的“先行者”很快就在第一轮行业大战中出局，至今仍挣扎于生死边缘。试想，如果当初易到用车果断地将其核心目标客户从企业转移到普通用户，大胆地充当网约车市场的“教化者”，或许现在市场上又是另一番竞争格局。

数字素养只是反映数字用户公民权利的一个方面，一个良好健康的数字创业生态也少不了系统内个体的网络接入权和隐私保护权。据中国互联网络信息中心（China Internet Network Information Center, CNNIC）统计，截至2019年12月，我国光纤宽带用户规模达到4.17亿户，占固定互联网宽带接入用户总数的92.9%，85.4%的用户接入速度在100Mbps以上[1]。城乡居民的互联网接入环境大大地改善。然而，我国城乡之间的数字鸿沟还较大，农村地区互联网普及率仍然不到50%。“数字鸿沟”的存在既是挑战，也是机遇。挑战在于他们仍然需要花费部分精力进行农村市场的培育，而机会在于农村又是一片有待开发的“处女地”。还有一个不得不提及的事实是，由于

❶ 中国网信网，《第45次中国互联网络发展状况统计报告》，2020年04月28日，http://www.cac.gov.cn/2020-04/27/c_1589535470378587.htm，最后浏览日期2020年6月23日。

“网络防火墙”的存在，部分境外网站（如Google、Twitter和Facebook）在中国至今仍然受到访问限制，致使我们很多数字化企业都是远离互联网国外巨头的冲击，在国内大市场这一“温床”上成长起来的。正因为如此，它们虽然在国内市场风生水起，可是只要一“出海”就可能“夭折”。对于数字创业者来说，要意识到这些客观情况的存在，但是更要善于利用这些条件赢得市场先机。

2. 数字治理规则

如果说数字用户公民权利是数字创业生态系统发展的驱动轮，那么数字治理则是这一系统运行的润滑剂，前者引领方向，后者减小摩擦，是数字创业生态系统的“游戏规则”。一般来说，创业生态系统中会存在着两种构建规则合法性的途径，一种是“一边倒”策略（效仿并遵从既定的规则）；另一种是“另起炉灶”策略（旨在扫除旧规则、创造新规则），数字创业生态系统中也当如此。通过商业模式创新重新定义智能产品回收和再利用，电子产品回收和处理平台“爱回收”只是在用数字技术改造传统的行业规范，并没有触及二手回收行业的本质商业特征。与之不同的是，爱彼迎（Airbnb）连接了房客和家有空房的房东，虽然从事的仍是传统住房租赁业务，但在无意中却颠覆了我们对商业、对酒店业的认知，形成了共享经济新模式、新业态，原来我们出门不住酒店还可以直接住到陌生人家里。“一边倒”也好，“另起炉灶”也罢，两者并无优劣之分，关键在于是否符合数字创业项目的发展要求和客观环境状况。

特别是对于那些“另起炉灶”的数字创业项目而言，生态系统内部的数字开放性（digital openness）、数字自由度（digital freedom）和数字保护力（digital protection）等制度因素至关重要。以网约车市场为例，Uber在最初进入市场时并不被政府和市场认可，时至今日，Uber依然处于“老鼠过街，人人喊打”的窘迫境地，不断被地方政府、工会、出租车公司“围追堵截”，甚至还遭遇出租车司机的暴力抗议。仅在2019年，Uber就在英国、阿根廷、德国、意大利、日本、韩国、西班牙、澳大利亚和哥伦比亚等多个国家遭遇城市禁令和罚单。例如，2019年9月，伦敦交通部门（Transport for London，TfL）决定重新授予Uber运营牌照，但是仅两个月后TfL又以“安全隐患”为由吊销了Uber的运营牌照；2019年8月，哥伦比亚工商部门对Uber开出了62.9万美元的罚单，之后哥伦比亚法院又判决Uber违反当地竞争法律，责令Uber暂停在哥伦比亚的网约车业务……即便是在美国本土，Uber也面临至少8个城市的司机罢工，抗议Uber将网约车司机视为外包工而非正式员工；此外，2019年11月，Uber又面临美国新泽西州开具的6.49亿美元罚单，要求它赔付拖欠网约车司机的雇佣税[1]。

滴滴的情况比Uber要好，但也走得比较艰难。2012年，滴滴在北京正式运营。与同时期成立的“快的”一样，滴滴携手资本抢占中国出租车市场，开启了补贴大战的全民狂欢。得益于政府的观望和开放态度，一直处于灰色地带的中国网约车市场在短短几年内就取得了迅猛发展，到2014年底中国打车APP累计用户规模就达1.72亿人，其中滴滴和快的分别占据56.5%和43.3%[2]。2015年2月14日，就在西方情人节之际，滴滴和快的宣布合并，至此中国网约车市场形成了滴滴一统江湖的格局。然而，2016年7月，随着网约车市场规模的不断扩大，国家正式出台了《网络预约出租汽车经营服务管理暂行办法》，将网约车纳入交通部门的统一监管范围，大大提高了网约车从业人员的进入门槛，导致滴滴在各地政府严格的政策禁锢中步履维艰。2018年，郑州空姐、温州女孩等多起被害

---

[1] 搜狐网，《过去这一年，Uber过得有多累？》，2020年1月1日，https://www.sohu.com/a/364119823_134438?scm=1002.44003c.fe0183.PC_ARTICLE_REC，最后浏览日期2020年6月23日.

[2] 易观国际，《中国打车APP市场季度监测报告2014年第4季度》.

案件更是将滴滴推向舆论的风口浪尖，滴滴不得不宣布阶段整改，并在全国范围内下线顺风车业务，这一业务直到2019年底才陆续重新上线。滴滴和Uber在不同时期、不同国家的不同境遇表明，生态系统内制度环境越是开放、自由，数字创业的项目越是能够获得快速发展。

3. 多边数字化平台

数字化平台推动生产端和需求侧用户的持续性价值共创，降低了交易成本、增加了交易类型，是数字创业生态系统存续和发展的关键。当下，许多的数字创业项目都采用了多边平台的结构，要么嵌入在大企业平台，要么自己搭建小平台，或是两者兼具。从平台的收入来源来看，现有数字化平台主要有两类：功能性平台和交易性平台[1]。前者一般依靠广告收入盈利，而对用户提供免费服务，如Google、百度和微信；后者主要从买卖交易中获利，收取交易的提成或佣金，如前面所提到的滴滴和Uber。根据交易的不同性质，我们又可以将交易性平台划分为B2C平台（如京东和天猫）、C2C平台（如淘宝）、B2B平台（如找钢网和阿里巴巴）等。不管是什么类型的平

---

❶ World Economic Forum，Competition Policy in a Globalized, Digitalized Economy，2019.

台，它们的发展并不像传统企业那样由供给端规模经济驱动，而是由需求侧规模经济和平台网络外部性驱动。同时，不同类型数字化平台不仅本身可以创造价值，还可以通过与外部利益相关主体的价值互动，编排外部价值创造。因此，数字化平台的竞争一定是基于生态的竞争，而数字创业生态系统的活力也一定源自数字化平台的生命力和竞争力。

交易各方信任机制的构建是数字化平台可持续发展的关键，这不仅包括用户对平台的信任，也包括平台对用户的信任。世界经济论坛（World Economic Forum，WEF）在最近的一份研究报告中总结了三种平台信任构建机制，包括数字参与式反馈（digitized participant feedback）、数字化社会资本（digitized social capital）和数字化实名认证（digitized real-world authentication）[1]。在20世纪90年代电子商务刚兴起的时候，eBay就引入了在线评价系统，每一笔交易完成后买卖双方都可以对彼此进行评价。这种数字参与式反馈的方式后来被淘宝、京东等学习、吸收和发展，并成为当下各大电商平台普遍采取的防止诈骗和建立信任的策略。但是，这种方式也有其内在缺陷：卖家为了获取更多的订单，可能会“刷单”从而

❶ World Economic Forum，Platforms and Ecosystems: Enabling the Digital Economy，2019.

提高好评的比例；而买家为了防止卖家的骚扰，可能也不会说出产品最真实的使用体验，更不用说给出负面评价。正因为如此，基于熟人推荐的社交裂变式信任构建策略近年来在电商领域开始盛行，如拼多多和各种微商平台。除了这两种提升用户对平台信任的策略之外，平台本身也在借助数字化手段有效地过滤用户，通过身份认证的方式降低用户失信的风险。支付宝和微信还建立了用户信任评级体系（支付宝的芝麻信用和微信的信用分），只要是嵌入在这一支付体系下的平台企业（如哈啰出行）都可以通过用户信用评级降低平台的交易风险，并提高用户的交易体验。

4. 数字技术创业环境

数字技术创业环境不仅反映了生态系统内数字技术的发展，也反映了这一生态系统内参与数字创业、为数字创业者提供硬件和软件支持等第三方服务的活跃和开放程度。新一代数字技术，特别是物联网的发展，推动人类社会进入一个“万物互联”的时代，几乎所有的电子设备都能够通过一个统一的“人脑中枢”连接在一起，围绕用户数据所进行的场景创新成为数字创业的重要机会来源。以Keep为例，2015年2月上线以来，它从“移动健身教练”重新定位于“自由运动场”，从单纯为用户提供定制化的健身课程，到最近又相继推出智能硬件、运动服饰、运动轻食等自主产品，Keep实现了对吃、穿、用、练四大运动消费场景的全覆盖，成为在线健身行业的领军者。Keep的成功源自将用户数据转化为数字化产品的能力，而这种能力依赖于精准地透析用户数据、快速地开发和生产新产品。如果前者还可以凭一己之力，通过大数据技术和AI算法的独立开发来实现的话，后者则必须依赖于生态系统众多厂商的共同努力。一家互联网数据平台是很难快速铺开它的生产线，针对AI大屏互动健身产品，Keep选择的是和创维电视合作，双方各取所长。

在数字化创业时代，许多的创业项目都是新开发一个APP，再通过APP Store、Google Play等手机应用市场发布，或是将APP的核心功能嵌入微信和支付宝等主流应用软件的小程序。用户只要“扫一扫”或者“搜一下”就可以打开小程序，需要用时无须下载安装，不想用了也无须卸载。如果这种创业项目是在20世纪90年代，同样是建立一家互联网科技公司，创业者或许要斥巨资购买美国太阳微系统公司（Sun）的服务器、思科的网络设备、甲骨文（Oracle）的数据库和易安信（EMC）的存储系统等全套硬件设备。不仅如此，创业者在应用运行期间还要承担庞大的运维成本，一旦创业失败，这些硬件设施就成了创业者再难以回收的沉没成本。然而，对于数字创业者来说，他们大可不必完全自己购置这些硬件设备，云计算和大数据服务平台可以按需为数字创业者提供几乎一切的硬件支持。同时，数字创业者也不必完全从零开始编写程序代码，微信和支付宝小程序为开发者提供了新产品开发的工具，即便不是专业的“程序猿”，也可以开发简单的小应用。这种“用户用完即走、开发者按需求购买”的产品开发策略不仅大大地降低了新应用的开发时间、加快了新产品推向市场的进程，也节省了数字创业者的试验和推广成本。数字创业生态系统的构成如图1-1所示。

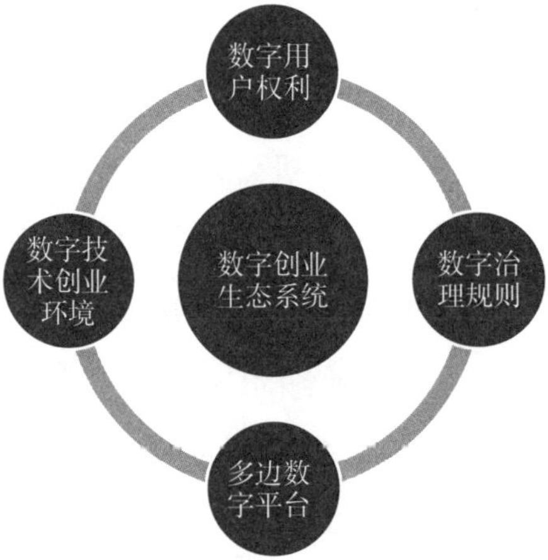

图1-1 数字创业生态系统的构成

从拼凑到协奏

传统创业研究认为，新创企业在与在位企业竞争时往往具有“资源劣势”，难以获取稀缺、独特的优质资源，因而以“将就地使用手头现有资源”为主要特征的资源拼凑（resource bricolage）成为新创企业化解资源约束的重要战略选择。有学者还进一步将资源拼凑过程划分为“并行拼凑”（parallel bricolage）、“连续拼凑”（serial bricolage）和“选择性拼凑”（selective bricolage）[1]。其中，并行拼凑是指创业者同时运作几个创业项目，当某些项目因资源短缺而难以为继时，果断地放弃这一项目而使用手头现有的资源推进其他项目；连续拼凑是指创业者集中开发一个创业项目，等到这个项目基本稳定之后再拼凑资源开发新的创业机会；而选择性拼凑要求创业者有选择性地放弃一些创业项目，以免同时兼顾几个项目导致资源配置效率低下。这种建设性妥协和选择性放弃的大局思维在数字经济时代固然仍有其独到的价值和可用之处，但是在“数据是金、流量为王”的当下，数字创业者很难简单地通过资源

[1] 梁强，罗英光，谢舜龙. 基于资源拼凑理论的创业资源价值实现研究与未来展望［J］. 外国经济与管理，2013，35（5）：14-22.

拼凑就化解数据资源的缺陷。对于他们而言，如何实现与生态系统内其他企业之间的资源共享、价值共创？这是一个更值得深入探索的问题，资源协奏（resource orchestration）为回答这一问题提供了一个有效的视角。

从词源上来说，“协奏”（orchestration）是艺术学科的一个基本术语，按照《不列颠百科全书》的解释，协奏是“对乐队中的乐器按照不同的音乐旋律进行排列或组合”。数字创业生态系统就像是一个管弦乐团，有指挥家、小提琴手、大提琴手、钢琴师、号手……演职人员（不同企业）品类繁多，但是他们却利用同一份乐谱（数据）共同演绎出一首完美的乐章，一环扣一环，不管少了谁演奏必然都是有瑕疵的。对于每一位数字创业者来说，找准自己的“生态位”，踏准自己的节奏（数据的利用方式），与其他企业一起为用户创造和传递价值，才是数字化时代的成长之道。比如说，在支付宝这一APP内就聚集着便民生活、财富管理、资金往来、购物娱乐、教育公益和第三方服务等多种项目，基本上囊括了我们日常生活的方方面面。但是，这一系统的有效运转离不开其他数字化企业的参与，如滴滴、哈啰、饿了么、淘票票和盒马鲜生等。这些企业在为用户提供服务时，既根据自己提供服务的类别有针对性地使用了支付宝提供的用户数据，又同时在为支付宝积累新的数据。如果说在传统工业社会我们可以把企业视为一个“资源集合体”的话，在数字经济时代企业更应该被看作一个“数据读卡器”，数字创业资源的核心在于数据，而数字创业的关键在于创造性地利用数据资源，不仅要实现“与狼共舞”，也要“与虾米共舞”。

在数字创业者的世界里，探索无止境，唯有不断超越。而对于身处这一数字化时代的我们来说，感慨之余，我们也不难发现，原来我们的生活还能这么过。“一切皆数，万物互联”是数字创业者的梦想，也是我们的美好生活憧憬。不管什么时候，饿了就点上一份贴心外卖，美团骑手和饿了么蓝骑士似乎时刻都在准备着；出行前只要用手机“一键呼叫”，滴滴专车司机很快就出现在你的面前；困惑、迷思之际，刷一刷知乎，获取留学资讯，问问一亩三分地，你才发现原来不只有你自己在战斗……这一切都是数字创业者给予我们的便利。有人说，互联网条件下创业就是要明白如何让懒人更懒。但是在笔者看来，数字化时代下创业应该要明白如何让常人生活得更有品位，更便利，更有尊严。美图和云集背后就是那些“品位生活”的创造者们。在接下来的第2、3章，你将看到美图和云集的数字创业实践，细细品味它们如何将“变美”做成一种生态，如何重新定义电商，让我们的生活更贴近人性，更富有品位。

第2章

数字蝶变：在位者的数字化重生

“为什么高增长的是硅谷企业，不是我们？我们也要像硅谷企业那样做事。”

——通用电气（GE）前CEO杰夫·伊梅尔特

当前，数字化浪潮正以波涛汹涌之势席卷各行各业，数字颠覆者和赋能者不断涌现，重塑行业游戏规则，冲击甚至颠覆了传统产业形态和企业生存法则。在这一变幻莫测的外部环境和竞争格局之下，传统企业如何应对数字化挑战、实现数字化转型？这是每一位企业家都要考虑的重要课题。据埃森哲发布的《2019中国企业数字转型指数研究》报告，虽然67%的中国企业领导者将“数字技术+商业”作为未来的首要增长动能，但是仅有9%的中国企业成效显著，“数字转型指数”平均只有45分[1]。即便是在全球范围内，传统跨国巨头企业数字化转型的失败率也高达70%～80%[2]。

---

❶ 埃森哲中国企业数字转型指数模型是一个跨行业的评估框架，用以评估企业在智能运营（包括智能生产与制造、智能支持与管控）、主营增长（包括数字渠道与营销、产品与服务创新）、商业创新（包括数字商业模式、数字创投与孵化）三个业务维度上的转型进程，分值为0～100。

❷ 搜狐网，《为何企业的数字化转型失败率高达80%？》，2019年4月6日，https://www.sohu.com/a/306354075_100065989，最后浏览日期2020年5月31日.

在这种情境下，部分企业陷进了数字化转型的“困境”——不转型将承受数字化企业的“降维打击”，而转型又玩不转数字世界的游戏规则。在尝试了数字经济所带来的新挑战之后，它们又不得不“草草收场”而恢复如初。如中华老字号企业全聚德[1]。2015年，全聚德开始实施“互联网+”战略，2016年4月宣布试水外卖业务。但负责全聚德外卖业务的鸭哥科技在运营期内一直亏损，还导致全聚德整体商誉减值，因此，全聚德不得不叫停外卖业务[2]。百年老字号的首次数字化尝试以失败而告终，全聚德也被指是“数字经济时代转型的失败者”。2019年财报显示，全聚德全年营业总收入15.66亿元，同比下降了11.87%；而全年净利润仅为4 700万元，同比下降了41.37%，这亦是全聚德连续第三年业绩滑落，甚至已然回到15年前的业绩水平。

当然，其中也不乏一些成功实现数字化转型的“领军者”。它们在持续深耕主营业务的同时，果断创新商业模式、拓展新业务，或是通过数字化营销手段创造新的增长点。比如说另

---

❶ 全聚德是一家创建于1864年的中华老字号餐饮企业，总部位于北京，以烤鸭著称。

❷ 搜狐网，《全聚德的外卖究竟输在了什么地方？》，2017年8月18日，https://www.sohu.com/a/165605265_630138，最后浏览日期2020年5月31日.

一家中华老字号五芳斋[1]。2015年，五芳斋启动信息化高级业务蓝图规划项目，开始了迈向互联网转型的新征程；2018年，五芳斋全面推进“轻、快、互联网化”战略，转型升级步入新阶段。在短短的几年时间里，“年迈”的五芳斋不仅赢得了年轻消费者的热捧，华丽转身变“网红”，而且成功地探索出了一条“互联网+”的最佳路径，为老字号从传统制造业向新兴商业模式的转型提供了可供借鉴的方案。

同样都是在传统食品制造行业摸爬滚打上百年的老字号，五芳斋和全聚德在炙手可热的数字经济下几乎同时启动数字化转型的战略部署，为什么五芳斋能够闯出一片新天地，而全聚德却深陷业绩迅速下跌的困境呢？对于其他传统企业而言，又该如何全方位地部署数字化转型战略，有效防范转型过程中的潜在风险和挑战呢？

数字化转型战略

管理学的研究中，理论总是落后于纷繁复杂的管理实践。面对业界对数字化转型实践广泛讨论，有学者呼吁“全球企业

❶ 五芳斋创始于1921年，以“中国糯米食品领导品牌”为其战略定位，号称“江南粽子大王”。

的数字化转型实践亟须具备现实洞察力和战略导向的系统性理论框架来指导。”[1]

然而，到目前为止，学术界对“数字化转型”这一概念的认识仍然处于混沌阶段。加拿大学者Vial系统性地梳理了381篇数字化转型的相关文献，通过对23个不同定义的语义分析，提出了一个有效识别数字化转型核心属性的定义：数字化转型是企业通过信息、计算、通信和连接技术的有效组合，触发企业经营属性的重大变革，从而改善企业运营效率、组织绩效和其他难以测度的社会效益的过程[2]。他认为，企业数字化转型的动力来源于数字化技术所导致的消费者偏好和行为、产业竞争格局以及数据可获得性的变化，而数字化转型的成功则依赖于组织结构、组织文化、领导力、员工角色和能力的系统性变革。

俄罗斯学者Tekic和Koroteev则根据数字化技术的使用和数字化商业模式的准备情况两个维度对企业数字化转型战略进行了划分[3]。他们认为，企业数字化转型战略包括颠覆者

---

[1] 陈冬梅，王俐珍，陈安霓.数字化与战略管理理论——回顾、挑战与展望［J］.管理世界，2020，36（5）：220-236+20.

[2] Vial G . Understanding digital transformation: a review and a research agenda［J］. Journal of Strategic Information Systems, 2019, 28(2): 118-144.

[3] Tekic Z, Koroteev D. From disruptively digital to proudly analog: a holistic typology of digital transformation strategies［J］. Business Horizons, 2019.

（disruptive）、商业模式创新者（business model led）、技术狂热者（technology led）和融合创新者（proud to be analog），不同转型战略在核心目标、领导力风格、风险和挑战、失败的结果等方面呈现出较大的差异性（见表2–1）。

表2–1 数字化转型战略的主要特征

主要特征	数字化转型战略类型			
	颠覆者（disruptive）	商业模式创新者（business model led）	技术狂热者（technology led）	融合创新者（proud to be analog）
分类基础	数字商业模式创新程度高，数字技术掌握程度高	数字商业模式创新程度高，数字技术掌握程度低	数字商业模式创新程度低，数字技术掌握程度高	数字商业模式创新程度低，数字技术掌握程度低
核心目标	价值主张的持续性变革	探索利用新的商业机会	产品性能最优化和成本降低	实现部分业务与数字经济接轨
领导力	愿景驱动	愿景驱动	风险规避	风险规避
挑战	行动不够迅速	不清楚哪些知识是有用的，哪些知识没有用	纯技术思维不能解决一些商业问题	如何将客户基础从传统用户转换为数字原生代用户
风险	最低	非常高	中等	适中
代表行业	基于B2C模式的创业企业	消费金融、保险服务、零售、通信、媒体	石油和矿产开采、重型机器制造、医疗健康	奢侈品

资料来源：翻译并改编自Tekic & Koroteev（2019）.

作为指导企业持续成长的核心思想，战略管理理论在数字化转型的背景之下显得尤为重要。尽管如此，战略管理学界针对数字经济条件下战略管理理论的新探讨仍然涉及不多，仅有少数学术期刊，如《组织科学》（*Organization Science*）、《战略科学》（*Strategy Science*）、《战略管理》（*Strategic Management Journal*）、《商业视野》（*Business Horizons*）、《国际商务研究期刊》（*Journal of International Business Studies*）等以特刊的形式对数字经济时代下企业的战略选择有所涉及。而国内关于企业数字化转型战略的文章多见于各大媒体网站、自媒体和经营管理类杂志，这一领域相关的学术研究几乎还是空白。

回顾战略管理的经典教科书，产业基础观（Industry-Based View）和资源基础观（Resource-Based View）一度被认为是企业战略分析的有力框架。传统产业基础观认为，企业获取持续竞争优势的方式就是选择合适的行业和恰当的定位，通过创造与众不同的价值组合获取垄断租金，而一个有吸引力的产业定位是由行业中五种力量所左右，包括现有竞争者的竞争能力、潜在竞争者进入的能力、替代品的替代能力、供应商的讨价还价能力、购买者的讨价还价能力[1]。资源基础观则基于内部资源视角，强调企业

---

[1] Porter M E. What is strategy?[J]. Harvard Business Review, 1996, 74(6): 79–91.

持续竞争优势的塑造取决于有价值的、稀缺的、不可模仿和替代且能够被组织所利用的独特资源组合[1]。虽然这两种分析框架的视角不同，但是它们的共同之处在于外部环境的相对稳定性假设。而在数字化时代下，企业面对的是高度不确定性，它们不清楚自己的竞争对手是谁，不清楚自己什么时候会成为数字化企业"跨界打击"的目标，甚至也不清楚到底哪些资源才是有价值的、哪些资源并不能给它们创造竞争优势。这无疑使得产业基础观和资源基础观在数字化转型情境下的适用性大打折扣。

相比之下，动态能力理论（Dynamic Capabilities Theory）更加侧重于技术快速变化的环境下企业价值创造的来源，其分析的基础根植于熊彼特的创新经济学和现有能力的"创造性破坏"理论（Schumpeter's Creative Destruction）[2]。因而在有关数字化转型战略为数不多的理论文章中，动态能力理论被认为是指导企业数字化转型更为合适的分析框架。比如，欧洲学者Warner和Wäger在最近的研究中基于著名战略管理学者Teece教授所提出的动态能力微观基础（Micro-Foundation）分析框架，通过对德国传统企业的案例分析，构建了传统企业数字化

❶ Barney J. Firm resources and sustained competitive advantage [J]. Journal of Management, 1991, 17(1): 99–120.

❷ Teece D J, Pisano G, Shuen A. Dynamic capabilities and strategic management [J]. Strategic Mmanagement Journal, 1997: 509–533.

转型的过程模型（见图2-1）[1]。在这一模型中，企业的数字化感知能力、数字化捕获能力和数字化转换能力是一个有机整体，共同作用于企业数字化转型，而这一过程有赖于企业商业模式、协作方式和组织文化的整体战略更新，其成功与否取决于企业能否充分发挥跨职能团队、快速决策机制和高层支持等内部赋能因素，能否有效跨越战略刚性、变革阻力和科层组织等内部壁垒。

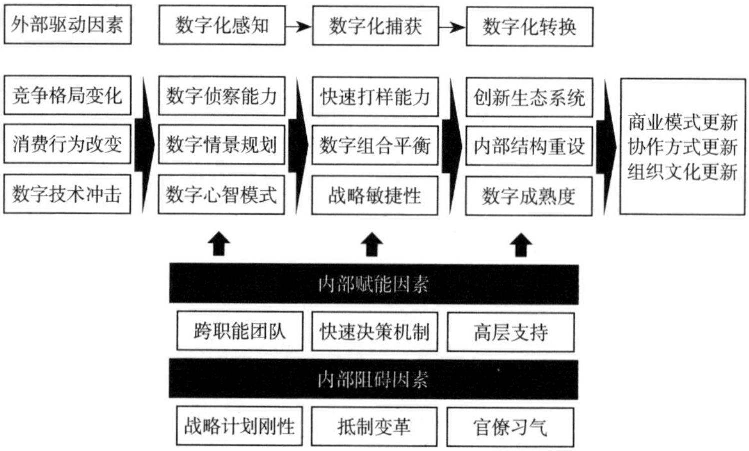

图2-1 传统企业数字化转型的过程模型

资料来源：译自 Warner & Wäger（2019）.

---

[1] Warner K S R , Wäger M. Building dynamic capabilities for digital transformation: An ongoing process of strategic renewal [J]. Long Range Planning, 2019, 52: 326-349.

如同数字化革命冲击传统企业一般，多样化的数字化转型实践打破了传统管理理论的潜在假设和适用范围，给未来管理理论的研究带来了巨大挑战。然而，对正处于数字经济发展“战略高地”的中国管理学者而言，这也为未来构建具有中国特色的管理理论、塑造国际管理理论话语权打下了坚实的实践基础。

迈向数字化的“新五力模型”

相比于天生数字化企业的“轻装上阵”，传统企业的数字化摸索更为艰难，让大象在数字世界里跳舞并不是一件容易的事情。因为数字化转型不仅仅关乎IT，也绝不只是新上一个APP或者“直播带货”那么简单，它所关乎的是企业整体的战略转型，需要企业重新定义客户价值主张、员工思维和工作方式、组织文化和理念，涉及组织结构、流程和体系等全方位、多领域的组织变革。有人说，成功的数字化转型等于组织结构、组织文化、领导力和员工技能这四个方面影响因素的加总，而笔者认为，明确而连贯的数字化战略在这一过程中同样重要，数字化转型的成效=战略力×组织力×领导力×团队力×文化力。这意味着五种力量之间并不是简单的线性加总关系，而是“一招不慎、满盘皆输”的乘数关系，如果战略力为0，一切数字化转型的努力终将化为泡影。企业数字化转型的“五力模型”如图2–2所示。

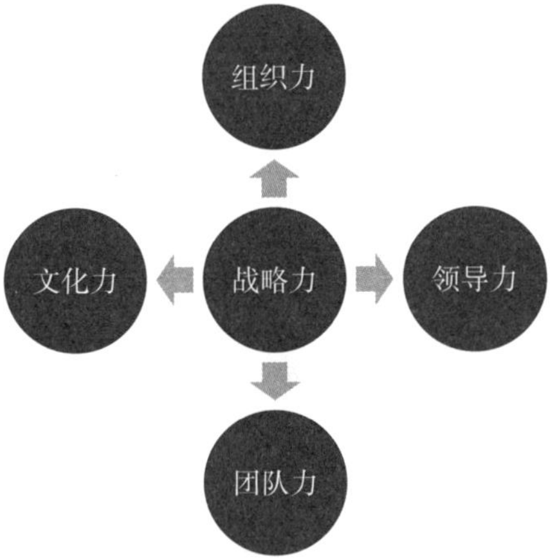

图2–2　企业数字化转型的“五力模型”

1. 战略力：构建数字化蓝图

随着数字化技术的成熟，特别是在2020年新冠肺炎疫情的冲击下，大多数企业都意识到了数字化转型的必要性和重要性，纷纷开辟数字化转型的新赛道，但真正能够制定完整、系统数字化转型蓝图的企业仍是凤毛麟角。诚然，首先制定一项战略规划，然后按部就班地实现数字化转型，这并不现实。战略通常都是一步一步打造出来的，在数字经济时代，涌现的即兴战略更富有实践意义[1]。但是，这不意味着系统的企业战略、使命和愿景不重要。数字化转型情境下所谓的战略力体现在企业内部必须对“数字化转型对组织意味着什么”这一问题达成共识，促成企业战略逻辑的变化，而不是盲目地跟风上马新业务，模仿数字化领先企业的“最佳实践”。

高管团队内部的共识构建是一切数字化战略设计的基础，而企业内部价值链前后端的协调一致则是数字化战略顺利实施的基础。比如，对于企业的首席运营官（Chief Operating Officer，COO）来说，数字化转型是企业提升运营效率和资源配置水平的方式；而对于企业的首席市场官（Chief Marketing Officer，CMO）来说，他们更可能将数字化转型的重点放在提升客户参与度、强化营销活动的数字化水平上。而事实上，一个宏伟的数字化蓝图需要两者的有效结合，缺一不可。同样，企业不能将数字化努力完全寄希望于高层领导者，如果企业内部不同部门之间对数字化存在不同、甚至相反的理解，跨职能部门的合作是不可能实现的，再宏伟的数字化蓝图也难免沦为一纸空文，根本无从落实。

❶ 徐文伟. 决胜数字化转型［J］. 哈佛商业评论（中文版），2017（10）：96-99.

麦肯锡曾对全球150家企业的数字化实践进行了深入的诊断调查，并为企业在数字化转型方面的成熟度制定了一个简单的指标——数商（Digital Intelligence）。这一调查发现，这些大企业的平均数商仅为33分，而高于平均水平的领军企业与低于平均水平的一般企业之间的差距集中体现在战略方面；特别是对于传统企业而言，其数字化转型的成熟度很大程度上取决于是不是仔细考虑了可供它们选择的战略[1]。由于媒体的关注、商学院课堂的讨论，明星企业的所谓数字化转型方案经常被视为圭臬，甚至被当作“最佳实践”，成为企业数字化转型战略的直接模板。

为了找到一个适合自己企业的战略，企业家们不妨着重思考以下几个问题：

- 我们的客户是谁？数字经济时代下，我们的客户群体发生了什么变化？
- 客户需要什么？在数字技术的冲击下，他们的需求发生了什么变化？
- 我们过去主要为客户提供什么，未来我们还可以提供什么？

---

[1] 唐古伊·卡特林，保罗·威尔莫特. 数字化转型四步法［J］. 哈佛商业评论（中文版），2019（9）：124-133.

- 当下最值得关注的数字化机遇和威胁在哪里？我们怎样才能拥抱这些机遇、化解潜在的威胁？

2. 组织力：打造敏捷性组织

在数字经济时代，技术变革速度加快，新的数字化商业模式不断涌现，企业所处的环境发生了巨大变化[1]。在这一时代背景下，企业边界甚至产业边界都在进一步模糊，传统的科层制结构显然已经不能适应未来企业的数字化转型，平台型组织、生态型组织等概念盛行。但是，不管企业选择何种组织结构，实现数字化转型的基础在于打造一个敏捷组织。

对于业界来说，敏捷性（agility）并不是一个新概念。从20世纪50年代开始，早在互联网出现之前，就有一小批先进企业开始了敏捷组织的实践，即便是当下伟大的互联网企业，如Google和Amazon等也是基于这些先行者所探索出的敏捷原则[2]。20世纪80年代，联邦德国和日本的质优价廉产品大量推向美国市场，对美国制造业产生了巨大冲击。在此背景下，美国通用汽车公司联合里海大学雅柯卡研究所

---

❶ VUCA，即动荡性（volatile）、不确定性（uncertain）、复杂性（complex）和模糊性（ambiguous）四个词的简称。

❷ 尤尔根·梅菲特，沙莎. 从1到N：企业数字化生存指南［M］. 上海：上海交通大学出版社，2018.

（Iacocca Institute，Lehigh University）发表了《21世纪制造企业战略》报告，提出了“敏捷制造”（agile manufacturing）的概念，号召制造业企业及时培育响应“大规模定制化”需求的能力，以柔性生产体系快速适应环境变化❶。随着互联网和科技企业的发展，敏捷组织的应用获得了蓬勃发展。特别是2015年以来，各行各业都开始逐步根据自身的特点塑造敏捷组织。在此基础上，麦肯锡结合其丰富的咨询经验，在2016年的内部刊物《麦肯锡季刊》上刊登了以“敏捷组织”（agile organization）为主题的一系列文章，引起了业界的广泛关注。

而对学术界来说，关于组织敏捷性的探讨却是一个新兴的研究主题。一般来说，学者们都将敏捷性视为一种多维能力要素的集合（见图2-3），包括客户敏捷性（customer agility）、合作伙伴敏捷性（partnering agility）和运营敏捷性（operational agility）❷。其中，客户敏捷性折射的是企业调动顾客资产，与顾客价值共创的能力；合作伙伴敏捷性是指企业

❶ 于锦华，霍春辉.国外组织敏捷性理论研究综述［J］.经济管理，2009，31（5）：170-174.

❷ Sambamurthy V, Bharadwaj A, Grover V. Shaping agility through digital options: reconceptualizing the role of information technology in contemporary firms [J]. MIS Quarterly: Management Information Systems, 2003, 27(2), 237-264.

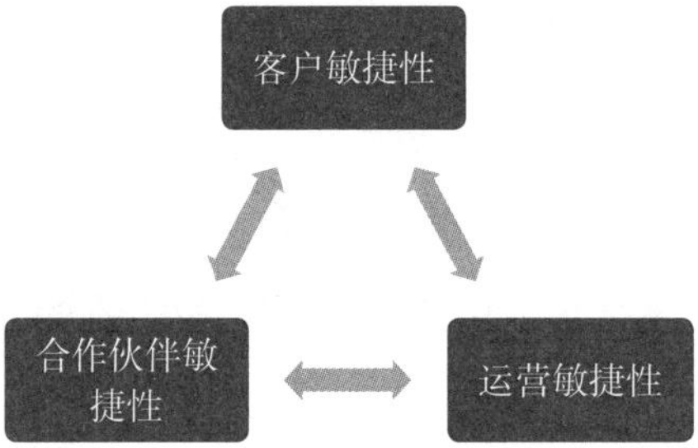

图 2-3　组织敏捷性的构成要素

充分利用供应商、分销商、分包商乃至物流提供商等外部合作伙伴的资源和知识的能力，反映了企业搭建网络连接、促进资源互补的影响力；运营敏捷性则着眼于企业内部流程体系，体现了企业通过快速、高效和低成本的方式改造现有业务流程、创造新业务流程的能力。Teece 等则基于动态能力的分析框架，提出了构建组织敏捷性的一系列组织实践[1]。他们认为，具有敏捷性的企业必须能够在市场逻辑对所有人都显而易见之前，就要感知甚至创造未来的增长机会，具有敏捷性的企业力图通过柔性外包和开放式创新抓住转瞬即逝的市场机会，具有敏捷性的企业通常都借鉴“最小化可行产品”（Minimum

[1] Teece D, Peteraf M, Leih S. Dynamic capabilities and organizational agility: risk, uncertainty, and strategy in the innovation economy [J]. California Management Review, 2018, 58(4): 13-35.

Viable Product，MVP）的开发思想[1]，快速推进新产品的开发和投放。

总体来说，敏捷组织的核心特点在于刚柔并济、稳中求变、快速行动。而对于正处于数字化转型的企业来说，其主要的挑战在于如何平衡现有的能力和新的数字化能力。这不仅要求企业确保组织稳定的基础，在变革的同时不至于出现组织流程、架构和员工职责的断层，同时也要求企业必须透过组织结构的再设计，重新调整组织的共同目标和事件优先级，提升企业应对数字化挑战的动态能力。

3. 领导力：提升数字领导力

企业数字化转型，领导者先行。如果企业领导者没有进入数字化时代，再多的项目投资、再先进的技术、再好的数字化团队都不能确保企业数字化转型的层层推进。埃森哲大中华区主席朱伟甚至强调，数字化转型就是“一把手工程”，可见领导力在数字化转型过程中的重要性[2]。在现有的学术文献中，

[1] “最小化可行产品”的概念最早由埃里克·莱斯（Eric Ries）作为“精益创业”的方法提出，指的是企业可以使用最少资源，能够被快速制作出来的、被用户使用的试验性产品，然后根据用户的反馈来进行改进，进入“构建—测量—学习”的循环。

[2] 搜狐网，《数字化转型就是“一把手工程”》，2018年2月26日，https://www.sohu.com/a/224060445_368051，最后浏览日期2020年5月31日.

学者们讨论了诸如交易型领导、变革型领导、家长式领导、公仆型领导、教练式领导等不同的领导类型。究竟何种领导类型才适合数字化转型的需要呢？笔者认为，不管何种领导类型，在数字化情境下，管理者都必须努力对自己的思维模式和管理风格进行调整。

正如德勤（Deloitte）发布的《2017全球人力资本趋势》报告中所提到的，企业要实现数字化转型，需要领导者作出三种转换，即认知转换（想的不一样）、行动转换（做的不一样）和情感转换（反应不一样），以培育数字化领导力[1]。对于数字化企业而言，其领导团队大多数都会同时具备拥有数字化投资者（digital investors）、数字化先行者（digital pioneers）和数字化革新者（digital transformers）思维特征的多样化成员。一般而言，数字化投资者拥抱风险投资（Venture Capital，VC）的心智模式，他们擅长挖掘新机会、投资新创意、发现新伙伴和构建新的商业生态；数字化先行者包括组织内部各项业务流程和职能部门的领导者，他们极富重塑商业模式和引领数字化战略的能力；而数字化革新者指的是执行数字化战略的一

[1] Deloitte, Leadership disrupted: Pushing the boundaries, 2017年2月28日，https://www2.deloitte.com/us/en/insights/focus/human-capital-trends/2017/developing-digital-leaders.html，最后浏览日期2020年5月31日.

线管理者，他们办事干脆、利落，能够把企业数字化转型的各项实践活动落到实处。

在数字经济时代，数字领导力不仅是对数字化企业领导团队的要求，也逐渐成为管理者在这一时代背景下的“第六项修炼”❶。高德纳（Gartner）公司指出，要达成这一修炼，管理者必须经过两个反复不断的正向循环过程——重塑思维框架和重启行为模式❷。具体来说，管理者需要咬紧牙关挑战固有的思维逻辑，重新确立一个适合企业数字化转型的新思维模式，从而打破自己认知世界里的单一框架；在此基础上，管理者还需要在日常的管理实践中不断强化这一思维模式，并通过反复学习、试错调整、巩固新的行为模式。

4. 团队力：培养数字化人才

当企业向数字化转型迈出第一步时，所面临的最大障碍往往不是来自技术或资金，而是没有足够的数字化人才可以支撑

---

❶ 腾讯新闻，《企业数字化转型不成功，大多“败”在了这里！》，2020年4月29日，https://xw.qq.com/cmsid/20200429A0NZVF00?f=newdc，最后浏览日期2020年5月31日.

❷ Gartner, 5 Steps to Become an Effective Digital Leader, 2019年5月3日，https://www.gartner.com/smarterwithgartner/5-steps-to-become-an-effective-digital-leader/，最后浏览日期2020年5月31日.

未来战略发展的需要[1]。2017年，清华大学经济管理学院联合领英（LinkedIn）发布的《中国经济的数字化转型：人才与就业》报告显示，国内大约50%的数字化人才都分布在互联网、信息通信等ICT（Information and Communications Technology）基础产业，而在传统行业数字化人才主要分布在制造、金融和消费品三大行业[2]。按照这一报告的定义，数字化人才不仅包括拥有ICT专业技能的人，而且也涵盖了具有ICT补充技能的人。具体而言，从产品和服务价值链的角度出发，企业数字化转型所需要的数字化人才包括：数字战略管理、深度分析、产品研发、先进制造、数字化运营和数字化营销。其中，产品研发类人才占据了85%，而深度分析、先进制造和数字化营销人才加起来只有5%左右。数字化人才的结构性短缺已经严重掣肘着中国企业的数字化转型和发展。

作为数字经济时代下成长的数字原生代，“千禧一代”构成了数字化人才队伍的中坚力量，他们紧跟技术发展的潮流，能够熟练地运用各种数字化营销的工具。然而，据世界经济

❶ 新浪财经，《领英发布十大新兴技能相关职业缺口巨大 人才成数字化转型关键》，2019年11月1日，https://t.cj.sina.com.cn/articles/view/7042249728/1a3c0340000100kek8?from=tech，最后浏览日期2020年5月31日.

❷ 清华大学经济与管理学院，领英，《中国经济的数字化转型：人才与就业》，2017年11月，http://www.199it.com/archives/675204.html，最后浏览日期2020年6月29日.

论坛调查，“千禧一代”在择业时主要考虑的是畅通的职业发展通道、开放的企业文化和多样化的培训/发展机遇[1]。但部分传统企业并不具备吸引“千禧一代”的优势，这无疑给传统企业数字化人才的建设带来了巨大挑战。对于传统企业来说，它们可以通过高薪、好故事吸引“千禧一代”的加入，加速企业的数字化转型。但是另一方面，传统企业的管理者也必须努力思考如何培育现有员工的数字化能力，这有赖于员工和领导者的共同努力。

建立一支富有创造力的数字化团队必须在以下四个方面不断发力[2]：

- 构建囊括IT、营销、生产、HR和产品设计等人才的跨职能团队，培养T型人才[3]。
- 充分授权，支持团队的自我管理，形成团队目标的持续迭代机制。
- 鼓励员工的持续学习，培养员工的设计思维，创造员工的心理安全空间。
- 培育强大的数字领导力，实现有效的人才管理。

---

❶ World Economic Forum. 3 things millennials want from work，https://www.weforum.org/agenda/2015/10/3-things-millennials-want-from-work/.

❷ GuinanP J, Parise S, Langowitz N. Creating an innovative digital project team: levers to enable digital transformation［J］. Business Horizons, 2019, 62(6): 717-727.

❸ 按照知识结构区分出来的一种新型人才类型，“—”表示有广博的知识面，“|”表示知识的深度。

根据《中国经济的数字化转型：人才与就业》报告，企业数字化转型需要的人才类型和具体职业包括：

- 数字战略管理人才：数字化转型领导者、数字化商业模式战略引导者、数字化解决方案规划师、数字战略顾问。
- 深度分析人才：商业智能专家、数据科学家、大数据分析师。
- 产品研发人才：产品经理、软件开发人员、视觉设计师、算法工程师、系统工程师。
- 先进制造人才：工业 4.0 实践专家、先进制造工程师、机器人与自动化工程师、硬件工程师。
- 数字化运营人才：数字产品运营人员、质量测试 / 保证专员、数字技术支持。
- 数字营销人才：营销自动化专家、社交媒体营销专员、电子商务营销人员。

5. 文化力：建立数字化文化

硅谷里流传着一句话“文化能把战略当早餐吃掉”，而在国内业界也存在着一句流行语“小企业管理靠老板、中等企业靠制度、大企业靠文化”。这说明企业文化并不是虚无缥缈的，而是实实在在影响企业生存和发展的基础。在传统企业实现数字化转型的过程中，企业文化更是发挥着“定心丸”和“催化剂”的作用。如果传统企业继续奉行原有文化而不做任何改变，那么任何的数字化转型实践都会被原有的企业惯性拉回到既定的轨道[1]。

凯捷咨询（Capgemini Consulting）对来自全球8个国家340家企业的调查发现，62%的受访者表示企业文化是数字化转型进程中最大的障碍，甚至还有受访者认为文化变革是实现企业数字化转型目标和任务的首要条件[2]。对于正处于数字化转型过程中的传统企业来说，装备有强大的数字技术固然重要，但是企业文化理念方面的更新也不能忽视。

管理者必须努力在协作性、适应性、透明度和包容性四个方面推动组织文化的变革[3]。而在具体的实践过程中，管理者需要着重思考以下问题：

---

[1] 尤尔根·梅菲特，沙莎. 从1到N：企业数字化生存指南［M］. 上海：上海交通大学出版社，2018.

[2] The Digital Culture Challenge: Closing the Employee-Leadership Gap. https://www.capgemini.com/consulting/wp-content/uploads/sites/30/2017/07/dti_digitalculture_report.pdf

[3]《哈佛商业评论》分析服务调查，《重新评估数字化转型文化和流程变革势在必行》，2018年11月13日，https://www.redhat.com/cms/managed-files/cm-harvard-business-review-digital-transformation-pulse-survey-f14828-201901-zh.pdf，最后浏览日期2020年5月31日.

- 现有企业文化是否支持员工有效且高效地建立跨职能项目团队，是否支持组织间跨产业边界的协作和知识迁移？
- 现有企业文化是否鼓励员工个体在面对突发情况下的快速决断力和即兴能力？
- 现有企业文化是否能够配合内部信息的有效传递？
- 现有企业文化是否提倡不同意见的存在？是否能够容忍失败的风险？

数字化转型好比“二次创业”，是传统企业破茧成蝶、重获新生的艰难过程。然而，“开弓没有回头箭”，数字化转型也注定是一个自我驱动却不受自己控制、充满变革风险的过程。为了让读者对传统企业数字化转型有一个更全面、更直观的认识，本书试图从不同的角度对数字化转型进行诠释。

数字化转型并不完全等于商业模式创新，但是数字化转型的精彩实践一定少不了企业商业模式的创造性设计。对于酒类产品而言，找准谁是客户并成功卖给他们，是企业存续的关键。但是，企业找的那个“谁”一定会买单吗？企业如何才能调动新的客户群体的消费潜力呢？这是许多传统企业都会面临的紧迫问题。第五章的案例，借由传统洋酒企业保乐力加，阐述它是如何通过重新定位目标客群，调整企业的商业模式，实现数字化转型的。

在数字经济时代，数据将取代技术和资本，成为最具价值潜力的生产要素。在新的竞争时空里，数字化没有“先动者”之说。即便传统零售企业，它们也完全可以借助数字化的手段，实现数字化转型。第6章则通过传统零售企业全家的数字化转型历程，展现它们如何创造性地使用数据资源，实现企业的“二次腾飞”。

数字化转型不存在固定的模式，也没有成熟的路线图，希望这两个案例能触动进一步思考。

第3章

美图：颜值经济时代的美丽生态链

“颜值和终生劳动力总收入呈较强的正相关性。”

——丹尼尔·荷马仕

数字化时代企业最大的资产是数据。美图的成功之处在于，通过美颜APP打通了企业所有的产品后台，美颜经济带来的社交、营销，不但依靠范围经济大幅降低了企业的营销成本，还通过APP、社交网络带来的数据积累，为企业实现精准营销提供了数据基础。

古人云：爱美之心，人皆有之。

作为深受理性主义影响的现代人，过去总认为“以貌取人”是偏颇的、不足取的，如今，这种观点越来越站不住脚。高颜值能给人们带来更多的优势和利益，仅从收入的角度看，有研究证明颜值越高收入越高[1]。长相最吃亏的人，收入甚至会比其他人少20%以上，而且男士比女士更易受颜值的影

[1] 郭继强，费舒澜，林平.越漂亮，收入越高吗？——兼论相貌与收入的“高跟鞋曲线”[J].经济学（季刊），2017，16（1）：147-172.

响[1]。颜值背后不仅仅是天生的美貌，还包含了长久以来自律塑造的气质、形态、音质、素养等吸引力，也包含了因颜值而享受正面激励所锻炼出的沟通、领导、协调能力与经验，这些都具备真实价值，也符合人类本质的利益点。因此，颜值必然当道，颜值经济也为中国消费经济发展、市场营销的革新、个人价值实现机制的成熟与完善带来诸多的革命性的变化。

颜值经济一片蓝海

随着新中产消费升级及“网生一代”的崛起，移动互联网沟通的文化、信息与社交等连接关系，让颜值当道的观念迅速散播到每个角落，带来了包括摄影摄像、美颜营销、社交、医疗美容、美妆等多个行业的革新，以及数万计的市场规模。根据艾瑞咨询的统计，2017年医疗美容市场达到1 800亿元。未来5年，中国医美市场平均年增速将达到25.67%[2]。这也意味着，医美行业将成为仅次于地产、汽车、电子通信、旅游之后的“第五大消费热点”。

---

❶ 丹尼尔·哈默梅什.颜值经济［M］.北京：东方出版社，2016.

❷ 新氧,《新氧2018中国医美行业白皮书》，2018年8月12日，https://www.sohu.com/a/246731006_674975，最后浏览日期2020年5月12日.

深受颜值经济影响的行业在客群方面存在一致性，以35岁以下年轻女性为主，形成以颜值为中心的生态链，如为了美貌参与减肥、健身、护肤与化妆、修图，甚至进行医美，并将美照在社交平台分享，获得社会认可和赞美；同时，以颜值为核心的美颜营销兴起，偶像经济盛行一时。其中，美颜社交、美颜营销和医疗美容是影响最广泛的三个行业。

1. 美颜社交

根据一家时尚媒体的读者调研统计得到的数据发现，85后女生平均每天三次自拍，并通过美图软件美化皮肤、脸型后愉快地发到朋友圈。“无P图不自拍”成为小仙女们发社交照片的基本准则。根据速途研究院统计数据，中国六成用户手机中装有1～2个拍照修图APP，70%以上为女性，25～34岁占比接近60%[1]。

2. 美颜营销

“鲜肉”与“小花”带来超强消费力。借助高颜值KOL（Key Opinion Leader，关键意见领袖）的营销活动，成为打造

---

[1] 搜狐网，速途研究院：2018年中国拍照类APP行业研究报告，2019年1月29日，https://www.sohu.com/a/292087776_412566，最后浏览日期2020年5月21日.

爆款的重要手段，并逐步形成明星+KOL+内容+社交的美颜营销生态。据阿里的统计数据，仅2017年7—9月，就有超4亿人次在淘宝上搜索“明星同款”，平均每天近450万人次。2018年上半年影响力代言明星的带货能力超出想象，如刘昊然代言知乎，信息披露当天微信指数增长319.42%；王俊凯代言兰蔻，粉丝群晒带销量突破1 500万元销售额。网红也依靠颜值在电商领域风生水起，尤其是在服饰领域占据半壁江山还多[1]。

3. 医疗美容

新生代的崛起，医疗美容技术的不断探索，更加多元和包容的社会环境，促进医美市场规模在颜值经济影响下不断增长。据智研数据，医美人群以90后、00后为主，占比达到80%，并且向其他年龄段女性渗透（韩国的渗透率为42%，中国仅7%，未来增长可期）[2]。社会观念上对医美的态度更加宽容和理解，可接受人群超过六成。在此背景下，医美未来的增长空间值得期待。

---

[1] 阿里巴巴，《明星消费力影响报告》，2017年10月31日，https://www.36kr.com/p/1721961611265，最后浏览日期2020年5月14日.

[2] 智研咨询，《2019年中国医美行业市场发展规模及行业发展趋势分析》，2019年6月17日，http://www.chyxx.com/industry/201906/749066.html，最后浏览日期2020年5月14日.

试妆一分钟，幕后十年功

作为最早搭上颜值经济顺风车的企业，美图公司于2008年成立于厦门，又赶上手机迅速进化、人人爱自拍的“自媒体”时代列车，推出一系列让用户自制图片、影音的软硬件产品，包括美图秀秀、美拍、美颜相机和美图手机。发展至2014年，美图已在全球前十大移动应用开发商、中国移动应用开发商等榜单名列前茅，一度被看好将成为“第二个腾讯”。2016年，美图在香港联交所挂牌上市，号称“变美科技股”。美图发展的关键节点如图3-1所示。

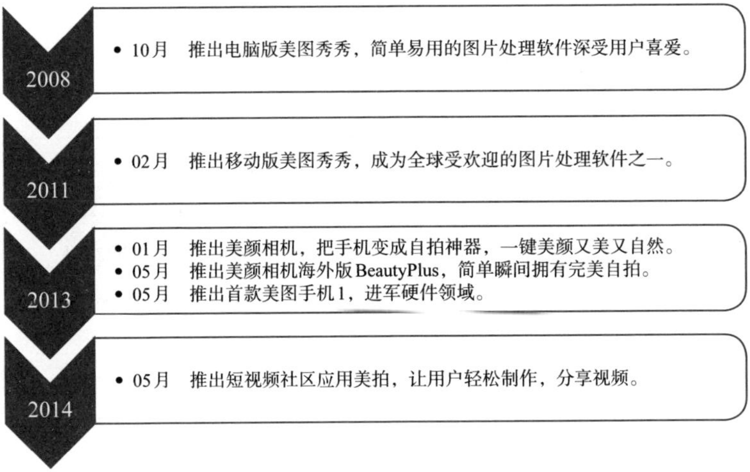

2015

- 04月　推出美图拍照手机M4，夜间自拍神器。
- 05月　推出美妆相机，百变妆容轻松变换。
- 09月　推出潮自拍，打造艺术效果和时尚滤镜，让自拍更有范。
- 11月　推出高端系列拍照手机美图V4，前置2 100万像素的智能手机。

2016

- 06月　推出自拍旗舰：美图V4s拍照手机。
- 06月　推出自拍大明星：美图M6拍照手机。
- 06月　美拍：高颜值手机直播+原创视频。
- 10月　美图的移动应用矩阵已在全球11亿台独立设备上激活，月活跃用户达4.56亿人。
- 10月　美图应用在26个国家及地区的用户总数均突破100万人，总用户数4.3亿人。
- 12月　美图公司在香港联合交易所主板挂牌上市。

2017

- 02月　推出美图T8拍照手机：双像素黑科技，夜间自拍更高清。
- 05月　推出美图M8拍照手机：人工智能新科技，人像摄影更专业。
- 09月　推出美图T8s拍照手机：电影级虚化，夜拍更唯美。
- 10月　推出美图M8s拍照手机：四大动漫联名，限量版自拍神器。
- 11月　推出美图V6拍照手机：奢华四摄，只拍大片。

2018

- 05月　推出美图V6大英博物馆礼盒限量版：洛可可主题　再现18世纪欧式浪漫。
- 08月　美图公司宣布“美和社交”全新战略。

图3-1　美图发展历程

资料来源：根据美图官网内容制作.

> 差异化战略是三种基本战略之一。差异化战略主要是提供行业内独特的产品或服务。美图的差异化之处在于，在一众拍照、修图APP中，提供一系列聚焦于"美颜"相关的APP和服务。

姑且不论股价的跌宕与转型的挣扎，美图从一开始便择定顺风的方向，推出迎合广大使用者喜好的移动应用服务，凭借与使用者互动的过程累积海量数据。

多年前流行一句歇后语："有关系，就没关系；没关系，就有关系。"消费者的口味越来越刁钻，越来越重视商家是否有和他们"建立良好关系"的诚意。美图深知：若想扮演使用者不忍稍离的口袋闺蜜，必须彻底了解用户的行为模式，发展出能与使用者"深交"的智能。

而智能的基础，在于数据。

美图深耕应用服务产业十年，迄今累积3.5亿名月活跃用户，掌握的大数据可谓公司最具厚度的核心资产。方向明确，努力就有了支点。美图近期拟整合旗下种种各具独特定位的APP，使数据交错流通、建构"大平台"，更灵活地迎合用户需求，并调升互联网业务比重，矢志成为中国版的Instagram。

> 企业的资产，是构成进入壁垒的要素之一。而在数字化时代，数据资产正取代金融资产成为企业的核心资产。美图的数据资产正是基于其3.5亿活跃用户。

“帮你变美”的形象已然根深蒂固，美图启动与知名彩妆品牌的合作，发挥社群圈层影响力，主导口碑营销。2017年初，美图在中国与LANCÔME、NARS、MAKE UP FOREVER、SEPHORA等品牌携手进行AR试妆实验，一方面诱发消费者的好奇心；另一方面协助品牌深度观察消费者偏好，掌握时尚风向。

2018和2019年，美图两度与DFS Group达成全球性合作，将“美图魔镜”AR试妆游戏搬进免税商店（DFS）实体门市，为其提供智能新零售场景化解决方案。2018年夏季，全球首家有AR试妆体验的DFS店面顺利落户于香港尖沙咀广东道。通过此次合作，“美图魔镜”AR试妆体验延伸至DFS Group在全球的25家门店，为消费者带来全新的AR试妆体验。

“美图魔镜”试妆接口选用iPad Pro，通过人脸118点位辨识技术，呈现拟真妆感。由于推出时间尚短，仍在寻求节省销售人力的最佳方案，对彩妆业绩的实质影响也尚待统计，然而体验过此服务的使用者，多表示魔镜效果与实际妆容相去不远，确实有利于缩短产品试用时间，更快做出购买决策。

暂不谈成败，“美图魔镜”在DFS实体店面亮相，已为其高调制造先行话题。目前美图仍以异业结盟方式，联手时尚彩妆护肤品牌或实体门市，除了祭出噱头，更深层的意义是为合作伙伴带来价值增量：每逢试妆、五官分析、肤质检测等功能被启动，数据也会同时被搜集保存，透过后续的数据分析，品牌可进一步了解不同门市顾客的喜好及需求，对症下药安排各门市的备货、陈列、服务等环节，优化运营效率，制定并调校虚实整合的营销战略，带领颜值经济与美图向更高规格迈进。

战略核心：商场如战场，存亡在虚实，线上线下的交融

金庸笔下武学重典《九阴真经》开宗明义写道："天之道，损有余而补不足，是故虚胜实，不足胜有余。"

20世纪末，电商横空出世，与实体零售业者展开激战，许多风光一时的零售龙头对网络科技反应不及，饮恨败北，令人触目惊心的倒闭、裁员画面历历在目，仿佛演绎着"虚胜实"的经文奥义。

谁承想，虚胜实之后，虚又摇身转向实：Amazon在线购书平台逼退全美第二大书店Borders；待Borders走入历史，Amazon竟然在Borders旗舰门市旧址开设了导入线上购物逻

辑的实体书店，无异在Borders伤口上撒盐。阿里巴巴创立了“盒马鲜生”一站式新零售体验中心，提供网络订购、自助付款、宅配到府等服务，线上线下虚实整合，一网打尽从年轻到年长的消费者。

实体零售业者还来不及从线下追到线上，电商又一记回马枪，从线上杀到了线下。

“虚”与“实”之间的结界被反复穿越，商场上，称之为“跨界竞争”。

美图魔镜近期的举动，可视为日益加剧的跨界竞争趋势中，以线上服务攻掠线下交易的体现，势必将掀起另一场虚与实的交战。

或许更确切的说法，不再是区分线下到线上、线上到线下，而是未来的商业生态系统正走向虚实无缝整合、消费者可悠游往来两者间以满足各种需求的“全通路”模式。企业必须展开消费者购买路径，定义出影响交易行为的关键通路及关键接触点，予以各个击破；击破的要诀在于拆解消费者在常用行动载具上养成的购物习性和逻辑，与通路的优势特色加以匹配拼贴，发展出360度全方位升级的服务体验，确保消费者无论处在线上或线下的环境都被设计完善的营销配套团团包围，防止消费者从任何破口流失。

以Amazon为例。走进Amazon实体书店，会看见书架上商品的陈设重现了“猜你喜欢……”“买这本书的人同时也买了……”等在线购书常见栏目。挑好想买的书，即可用手机扫描二维码、按在线会员等级付费。

放眼全通路营销战场，美图已然占据领先对手的起跑点。过去10年，通过手机应用服务，美图打通了与使用者近距离接触的关节，对于使用者尝试“变美”的心态和行为有深层的掌握。品牌企业需要的正是美图口袋里有丰厚数据佐证的商业智能，用以洞察进而主导消费者购买旅程中的种种情境，通过全方位的营销服务及无懈可击的经验创造，引导消费者完成交易。

Amazon募资上市时，公司账目显示了骇人的亏损，不少投资人望而却步。若干年后的今天，股神巴菲特深悔当初魄力不足，未敢押注这只爆发性的潜力股。

美图的运营理念，也正顺应着时代，走在产业的前面。大胆做梦的勇者，未来将如何发展，值得拭目以待。

产品布局：美丽生态体系

多元化是企业发展必经之路，美图也不例外。公司围绕颜值这个话题构建了多层次的产品体系，第一层次是基于颜值刚需发展的美颜产品，吸引流量加互导，包括八大核心APP：美图秀秀、美颜相机、美拍、潮自拍、BeautyPlus、美妆相机、Party Now与美图手机；第二层次是基于海量用户发展的流量衍生品，包括社交产品、电子商务（各APP的应用情况见表3-1）；第三层次是基于庞大数据库延伸的美学衍生品，包括皮肤医学与美图魔镜。美图利用核心软件应用实现流量互导，不断发展“AI美颜+数据算法”构筑长期技术壁垒，凭借庞大的人脸数据库支持布局皮肤医学领域、AI及商用，向美学深层次领域进军。

通常情况下，多元化战略会摊薄企业资源，影响企业竞争优势，但信息科技存在范围经济，相关产品底层架构和数据的复用，可以降低新产品的运营成本，为企业带来协同效用，增强企业的价值创造。美图的产品也是如此，虽然产品多样，但底层算法和数据的共享，在各产品之间实现了范围经济。

表3-1 美图公司核心APP布局

<table>
<tr><th>名 称</th><th>主 要 功 能</th><th>月活跃用户总数/亿</th></tr>
<tr><td>美图秀秀</td><td>• 图片处理
• 社交平台</td><td>1.16</td></tr>
<tr><td>美 拍</td><td>短视频社区</td><td>0.43</td></tr>
<tr><td>美颜相机</td><td>• 专为自拍研发的手机美颜APP，帮助用户实现一秒变美
• 百变萌拍贴纸，实时推出当下新潮个性玩法，帮助年轻人实现“非分之想”</td><td>0.91</td></tr>
<tr><td>美妆相机</td><td>虚拟试妆APP</td><td rowspan="5">1.01</td></tr>
<tr><td>潮自拍</td><td>通过内置的主题滤镜库拍出电影级大片</td></tr>
<tr><td>Party Now</td><td>潮流短视频</td></tr>
<tr><td>Beauty Plus
Makeup Plus
Air Brush</td><td>针对海外市场的美图、试装、修图类产品</td></tr>
<tr><td>美图定制</td><td>• 商品定制服务
• 覆盖服饰、鞋包、影印制品、个性生活家居用品等的电商平台</td></tr>
</table>

资料来源：美图官方网站、美图2018中期财务报告.

1. 第一层次：美颜产品

“移动化浪潮 + 媒介革新 + 美丽经济”孵化庞大影像应用市场。随着中国移动互联网用户渗透率的提高，社交分享媒介逐渐从文字信息变迁到影像视频。而自拍风潮下美丽经济的庞大需求进一步催生了影像应用的蓬勃发展。艾瑞咨询发布的报告显示，2020年中国影像应用市场用户规模达到7.1亿人。其中，70.5%的中国社交网络用户每周至少分享一次影像，而21.3%在社交网络中分享影像的人表示每次分享前都会使用影像应用美化影像，40.6%的人分享影像前会处理图片[1]。分享影像表达自我的用户养成习惯及美化影像后的长期修图黏性将进一步驱动影像市场的社交化及提高用户参与度。

美图携先发优势，登顶影像应用市场。美图于2008年推出首款简易人像美图应用美图秀秀，解决了专业修图软件功能复杂、学习成本高的使用痛点，弥补市场在修图和美化上的空白。随后以创新、简单应用功能及先发优势，迅速打造多款明星应用，成为影像应用市场龙头。截至2017年，美图秀秀、美颜相机分别位居中国影像应用市场第一、第二；从用户黏性看，美图的美颜应用占据有利竞争地位。

从图像到视频，短视频风口下美拍应运而生，且商业价值巨大。基于短视频制作简单、传播广泛、互动性强、带宽使用需求低等特点，短视频行业迎来高速发展期、行业用户红利

---

❶ 中商情报网，《2017—2020年中国影像应用行业市场规模及发展预测》，2016年12月14日，https://www.askci.com/news/hlw/20161214/12060982815.shtml，最后浏览日期2020年6月14日.

仍在。美图于2014年推出大型短视频与直播社区美拍，并持续占据中国短视频平台TOP5。而且相较于其他四大短视频平台，美拍因持续享有更高质量用户群体（快手主要是三、四线城市用户）、强社交属性及高黏性，从而逐渐释放长尾效应，能更好发挥数据资产价值。

长尾效应是指，互联网类产品的价值不再符合80/20原则，数量众多的长尾客户也创造大量价值。美图的用户下沉创造的长尾，为企业带来大量的收入。

美颜手机，为用户需求而生。在智能手机市场已成红海的情形下，拍照手机出货量逆势上扬。2017年智能手机出货量同比增长仅2.7%的疲态走势下，主打拍照特色的OPPO依旧实现较高速增长，而三星、小米、华为等均开始重视拍照质量改善。这意味着智能手机市场迎来新的竞争点。美图在核心应用快速渗透后，公司于2013年推出美图手机，有2个系列（奢华V系列及T系列）。在自拍需求下对影像品质期望的提升将驱动美图手机作为“第二款手机”的销售热潮。基于美图线上核心应用的协同销售（75%手机用户为美图应用客户）、品牌忠实度，同业中定价优化空间、摄像技术、软硬件耦合优势，美图手机为公司贡献了72%（2018H1[1]）的营业收入。

2. 第二层次：流量衍生品

社区，“应用矩阵+流量平台”打造一体化美丽社区。凭借庞大的数据与极强的用户黏性：① 高月活；② 强用户黏性（人均日使用时长30+分钟）；③ 强社区属性；美图将从应用转变为社区平台，实施美和社区战略，发力互联网业务，降低公司营收对智能硬件的依赖，智能硬件对企业营收的贡献度从2017年H1的89%降至2018年同期的72%[2]。

美拍打造“泛知识类社区”。基于美图秀秀的大量用户，美拍作为短视频拍摄工具，依靠团队深厚的美颜滤镜方面的技术，已经慢慢积聚起了一个以网红达人和爱美女性为主的互动社区。但随着秒拍（微博流量与明星效应）、快手、抖音等的崛起与政策的几度监管，美拍的流量与用户黏性受到了挑战。2018年借整改机会调整定位，向“泛知识类社区”发展，主打社交性和知识性，鼓励博主创作教学型内容。这对之前的搞笑类、段子类内容影响很大，且媒体短视频相比知

---

[1] 2018H1：2018年第一个半财年。

[2] 招银国际，《美图AI驱动的美丽生态链》.

识类视频能为广告主提供更多元的投放机会，对美拍的营收影响也较大。但在泛知识类视频社区中，还没有跑出一个现象级视频平台，美拍在这个领域寻找机会，未来也许大有可为。

美图秀秀进军社区应用领域。2018年美图秀秀发布新版本，除了运用新的标识，产品定位也变成了社区平台。从以前的纯处理图片软件变身为社区平台，但保留了以前的图片处理功能。社交圈的建立可以看到美图秀秀希望用户处理图片的同时，增加社交功能，激发软件更多活性。在社交圈的功能中，用户可以在社区内发布照片和短视频等内容。这一功能可以给用户创造一个更真实、更年轻化的场景，一方面基于美图的影像技术优势让用户产生优质内容；另一方面打造鼓励分享和互动的社区，让用户建立创造美、分享美的社交关系。在微信与QQ近乎垄断的情况下，以熟人社交撬动腾讯的蛋糕是不现实的，但仍然有微博、知乎、陌陌这样的社交平台，聚焦于细分领域如实时新事、知识分享、两性交往等，成功地从腾讯体系下闯出一条生路。

想要在腾讯外实现社交化，必须有两个要素：一个是场景，一个是内容。美图秀秀做社区已然具备这两个要素。在场景方面，美图秀秀用户都是处理照片或者视频的用户，而他们处理完照片视频后的行为很可能是分享，如果是公开分享，只要能够让更多人看到，在美图秀秀分享未尝不可，至少可以顺带一试，场景是美图秀秀社区化的骨骼。在内容上，美图秀秀上的用户都是爱美潮人，其中许多用户都有优质内容生产能力，特别是摄影、美图、短视频等内容，这是美图秀秀社区化的血液。

电商：美图美妆＋美图定制，打造“包围式”美丽服务。中国化妆品及服装等电商类别展现出巨大的机遇。根据艾瑞咨询报告，2020年这一市场规模达到人民币5 482亿元[1]；此外中国在线服装零售市场的总商品交易额2015—2020年复合年增长率为17.1%[2]。美图公司以女性为主的独特用户构成是进行电商拓展的天然平台，以女性相关消费品与美图公司“美”的核心定位高度契合。

美图美妆搭载AI测肤技术，触达美丽经济消费层。公司于2017年10月份将社交电商平台美铺升级为美图美妆。有别于传统女性电商，美图美妆是基于海量数据及AI测肤技术（人脸识别＋医疗图像数据深度学习）的体验型美妆电商，特

---

[1] 浙商证券，《2020年化妆品行业深度报告之全景图》，2020年6月11日，http://www.360doc.com/content/20/0611/08/34265476_917716188.shtml，最后浏览日期2020年6月15日.

[2] 中商情报网，《2020年中国服装行业市场规模及发展趋势预测》，2020年1月2日，https://www.askci.com/news/chanye/20200102/1715391156018.shtml，最后浏览日期2020年6月15日.

色为通过一键测肤、定制专属护肤方案进行产品推荐，主要产品是化妆品、护肤品等女性用品，客单价300～350元。目前电商模式采用仓库租用、物流外包。基于美图独家设计的GPU分布式集群MTsimple，美图美妆识别准确率已突破95%，2017年测试使用人数突破2 700万人，并于当年11月底登上APP Store购物榜（下载量）的第三名。

美图定制借助庞大用户基础及影像应用矩阵挖掘了电商商机，即个性化定制服务。公司于2016年12月份在潮自拍中测试个性化定制服务，商品包含T恤个性化定制及图片打印。该类定制服务随后会选择性地在其他应用内推出，同时亦将扩充美印个性化定制的商品范围，如将图片打印进一步拓展到手机壳、抱枕、行李箱等。

虽然电商增长高峰已过，B2C市场基本被天猫垄断，但美铺和美图定制实现了“个性+试用+购买”的无缝连接，且专注于化妆品和服装等女性消费领域意味着更高的转化率，将会为美图、时尚网红和品牌消费带来巨大的变现机会。凭借海量女性用户、“直播+电商”开启“边看边买”模式、虚拟化妆技术对大牌的吸引（包括兰蔻、悦诗风吟等国际一线品牌入驻）、对人脸识别与皮肤测试的精准度，共同构筑了电商应用的护城河，成功从京东、淘宝、拼多多等分出一杯羹。

3. 第三层次：美学衍生品

美图魔镜，商用智能美妆。基于业内首屈一指的人脸识别和影像处理技术，美图推出美图魔镜，将试妆与电商、社交连通。① 解决消费者在公共场所试妆的卫生问题及耗时困扰，实现试妆功能，透过镜头扫描五官后，再利用AR技术将妆容准确贴合在脸上，可呈现彩妆的颜色质地；除了美妆单品及流行妆容试色之外，美图魔镜还有“AI推荐妆容”，能够依据消费者的脸部轮廓及五官特征，推荐合适的彩妆风格。② 通过AR进行试妆来减少线下体验需求，激发线上消费潜力。③ 在体验过程中拍下的所有照片，也都可以借由二维码扫描后一一存取，也可以分享给朋友和社交平台。

美图魔镜一经推出，立即成为国际美妆品牌首选，与DFS及Dolce & Gabbana Beauty（DG Beauty）合作，在新加坡、日本、澳大利亚、美国、中国香港、中国澳门等国家和地区的22个门市向消费者提供人工智能（AI）虚拟试妆体验。

皮肤医学，美的更彻底。美图公司已成立了美图医学护肤平台，与国内外领先的皮肤医学团队建立深度合作。正在尝试用遗传基因学和微生物学的方法研究广大用户深层次的皮肤问题和科学的护理解决方案。

竞争优势：技术壁垒与海量用户

同质化产品层出不穷、用户偏好更迭迅速，美图能在激烈的市场竞争中占据头部地位，得益于数据与算法基础、海量用户与其高度黏性。

> 竞争壁垒通常包括专利技术、资源垄断、规模经济、行政许可等。美图的竞争壁垒是行业领先的技术优势。

1. 行业领先的AI算法构筑技术壁垒

这主要体现在：

- 行业领先的人脸识别及3A 技术。2010年，美图成立了美图影像实验室（MTlab），致力于计算机视觉和影像处理。截至2017年年底，公司已注册超过百项专利。
- 海量人像数据库及深度学习支撑用户偏好预测、产品革新。美图拥有4.81亿的月活、680亿的处理照片[1]，公司能够通过海量数据分析（修图滤镜、色调选择等），进行应用版本的升级以迎合用户最新审美及修图偏好，同时不断创新修图玩法。

- 用户画像及推荐引擎为美拍用户进行精准推送，提升用户黏性及广告效应；基于美拍生成视频及用户画像（位置、识别年龄、兴趣、行为等），美拍推荐引擎能够对不同用户进行个性化视频推荐，增强用户黏性并为广告主创造高转化效应。
- 图像识别、影像处理及机器学习等技术将衍生大量变现机会。例如，美图美妆独有的测肤技术（通过检测人脸肤质、肤龄、肤色、毛孔、黑眼圈、痘、斑、痣等，识别皮肤问题）直接促成了电商业态的初战告捷，目前识别准确率突破95%。而后期海量医疗级图像数据将有助于在辅助医生诊断等环节发挥作用，也为皮肤医学板块奠定基础。

---

[1] 搜狐网，《从月活5亿到人工智能，解密美图手机的“自拍王国”》，2017年9月8日，https://www.sohu.com/a/190446564_115565，最后浏览日期2020年6月15日。

2. 海量用户 + 口碑效应实现正向循环

庞大且活跃度不断提升的用户群。美图总月活在过去4年内实现了近7倍增长，跻身同业前列。根据艾瑞咨询统计，中国约95.3%的影像应用用户将至少一款美图应用列入其最喜爱的三款影像应用之一，而中国约62.4%的短视频平台用户将美拍列入其最喜爱的三款短视频平台之一[1]。在影像市场上长期的领先地位及用户高认可度铸造了美图强大的品牌知名度，随着月活的提升，其口碑效应将加速释放，并反哺至拓客效率及用户黏性。

工具+社交的产品布局，提高用户黏性。随着移动普及率趋紧饱和和基础设施筑底，互联网行业正逐渐从“渠道为本”进入“内容为王”的时代。有别于纯工具类应用（如地图、垃圾清理软件），美图应用最大的特色在于用户能够自主产生“图片 + 视频 + 信息流”等UGC（user-generated content，使用者原创内容），海量的优质内容将牢牢绑定用户需求。

---

❶ 互联网数据资讯中心，《让4亿女性“变美”的美图，能让自己变美吗？》，2016年10月27日，http://www.199it.com/archives/530384.html，最后浏览日期2020年6月15日.

应用协同性高，降低了获客成本。美图以美图秀秀为旗舰产品的应用布局，成为进行交叉推广强而有力的平台。兼顾了用户对多款应用的需求性（“85后”用户平均安装拍照P图APP为2.3款；53.5%的用户安装2款以上拍照P图APP），各个APP之间的竞争和替代性较弱。通过应用矩阵内的流量的交叉推广有助于新应用提升其早期增长阶段的人气，从而增加曝光率和自然下载量，帮助公司实现低成本、高效率拓客（如美图每位净增月活跃用户销售及营销开支仅为1.3元，远低于同业）。

互联网盈利模式：直播短期变现，电商+广告长效驱动

随着智能硬件增长天花板越来越近，美图将业务中心向互联网板块转移，凭借用户高品牌认知、技术与用户优势，建立多个盈利点，实现长短期盈利驱动力的无缝衔接。

1. 短期变现：直播

美拍短视频平台，直播变现表现喜人。自2016年1月美拍推出直播服务后，美拍平均每月付费用户从2016年的5.8万

个激增至2017年的32.5万个，付费用户月ARPU值（Average Revenue Per User，每用户平均收入）为90元[1]。相较于陌陌及YY高达300万～400万个的季度付费用户数，以及400～600元的ARPU，美拍直播变现仍处于初期，增长空间巨大。2018年上半年财报也显示这一点，美图大部分互联网收入主要来自美拍直播销售虚拟道具所得。受美拍定位变革的影响，月活用户下降，但来自每位付费用户的平均收入大幅增加，美拍的互联网增值服务及其他收入仍然实现了缓慢增长。

相比于其他视频平台，美拍具备显著的竞争优势：① 用户质量高。一、二线城市用户占比超过50%，平均年龄23岁，83%为iPhone用户。② 更加完善的美拍生态体系。通过对优质主播用户的培养与育成（如上线主播评级体系、主播教程引导主播互动）及系统化的充值流程，建立网红经济体系，实现流量的更高效分配。③ 垂直领域更为细分，MCN计划打造舞蹈生态。美拍通过扶持有潜力的MCN、丰富多样的内容展现（如明星综艺直播），以及趣味的营销活动多维度拉动营收。在TFBOYS进行的首次美拍直播中，短短一小时内吸引565.6万

---

❶《美拍2017年中期业绩报告》.

人观看，3.67亿次点赞，并获得高达29.58万元的道具收益。

2. 长效驱动：广告+电商

数字营销崛起，美图广告方兴未艾。以女性用户为绝对主力的美图，在移动广告未来强劲增长的背景下，存在巨大的增长空间。驱动力主要来自：

- 高消费力女性用户为主的用户群体。受益于女性相关商品在线广告市场的高速增长。中国女性消费者越来越多地在线上购物，女性相关商品的在线广告市场潜能巨大。美图女性用户占比高达80%，发展女性相关商品广告具有优势，可结合用户切身需求，在不损害用户体验的前提下实现精准投放。尤其对奢侈品品牌、流行服饰、化妆护肤品、食品品牌等广告主将具备高吸引力。
- 更丰富的广告形式。过去主要以图标广告和横幅广告的形式出售广告位。从2016年开始，逐渐扩大广告展示位置数量，并植入多元化广告形式，如口红试妆的互动广告、美妆相机的信息流广告等。展示位置的开拓及广告形式的多元化将全方位提高广告库存及填充率。

- 大数据营销与精准投放。美图广告平台已连接至脸书的广告网络（Facebook Audience Network）和谷歌的AdMob，并已于2016年开始产生收益。在此基础上开始推出升级版广告平台。凭借专有技术和大数据的分析，美图将拓宽公司的广告商触及范围，并有效回应需求（如主动调整价格、进行算法推荐），进而提升广告库存的使用率。

细分领域切入，美图电商继续发力。2018年上半年，美图电子商务平台美图美妆所得收入占整体互联网增值服务业务的百分比继续增加。通过提供人工智能赋能的皮肤分析工具，使得用户获得更个性化的产品推荐来实现电商服务上的差异化，从而取得更高的收入转换。

国际扩张：海外用户进入高速增长

对于美的渴望超越文化和地域的边界。工具和摄影类应用成为打破文化隔阂的进入点，自2013年美图推出BeautyPlus以后，进展迅速。在美国、巴西、印度、英国、日本、韩国、新加坡、印度尼西亚等26个国家和地区设立了分公司和办事处，截至2020年6月，美图的影像及社区应用月活跃用户超过

2.95亿人，在海外市场的用户总数突破8.23亿人[1]。

1. 地区多样化发展途径，拓客的同时关注变现

考虑市场的成熟度与消费习惯等，制定差异化的发展策略：发达国家和地区（如欧美、日本）可作为发展重心。考虑成熟地区用户教育、底层基础架构、付费习惯已相对成熟，将有助于美图迅速优化海外应用的商业变现。发展中国家和地区目前处于拓客阶段，考虑印度等发展中国家的移动渗透率尚有大幅增长的空间，可将其作为公司未来用户的主要基础区域。

2. 本土化定制策略，提升用户体验

美图在推出海外应用过程中，侧重于推出现有应用的本土化版本或专为迎合当地用户偏好而设计的新应用，其在界面设计及肤色美化设置上引入本土化元素。例如，BeautyPlus使用前可供用户自行选择不同肤色，并配备自动美化算法，根据不同肤色产生不同效果。

---

❶ 搜狐网，《十年磨一剑，美图在变美的道路上从未停止》，2018年9月13日，https://www.sohu.com/a/251336993_100160276，最后浏览日期2020年6月12日。

战略转型：美和社交战略

2018年，美图上半年财报引发各界热议，质疑美图的获利能力及发展前景。美图出面答复：公司正值重大转型期，已开始实施美和社交战略，从而使美图从一款工具应用进化为社交媒体平台，社交版本的美图秀秀于2018年9月正式上线，作为拥有1亿月活用户的平台，美图成为中国最大的社交平台之一，未来的业务核心仍非利润，而是推动活跃用户数及毛利率的增长。为此，美图采取一系列战略措施，创造能见度更高的商业价值。

1. 组织结构调整

美图近日将旗下原有的众多业务整合为“社交产品”“美颜产品”“智能硬件产品”三大产品事业群，展现运营方向及资源分配将会更加聚焦的决心。

2. 业务比重修正

美图尝试降低对美拍手机销量的依赖度，侧重于互联网业务，以“在线广告”“增值服务”为主要变现模式。

3. 核心优势增长

数字化颜值商机有增无减，美图掌握庞大的人像数据及行为数据，可由大数据分析结果洞察消费者情绪的种种微妙变化，适时做出回应并诱导交易，达成精准营销，并引导更多数据流入，持续发展更精密的AI技术。

4. 营销因地制宜

针对中国香港地区、台湾地区等规模较小的市场，采用当地消费者易于接受的O2O营销模式。鉴于明星站台成本高但效益不彰，美图在台湾地区培养约500名拥有1万～10万粉丝用户，册封为“微网红”，定期发布UGC（user-generated content，使用者原创内容）贴文与粉丝互动，让营销信息有更长的时间、更贴近人群的方式发酵。

美图的启示

虽然饱受争议，但美图仍然在不断前进。2018年中期财报显示，净亏损额同比减少3.4%（人民币1.274亿元）。新提出美和社交战略，将继续围绕颜值经济布局，并依赖技术基础与用户数量开拓新的社交细分市场。

这一路走来，有得有失，能在互联网创业大潮中脱颖而出，也展示了企业不凡的眼光和战略定位。早在2010年，AI这股大风还没有吹起来的时候，美图就组建了MTlab，专注于人脸美化技术的研究，奠定了美图产品布局的所有基础，并构筑了技术壁垒。在监管趋于严格、竞争越发激烈的情形下，从纯工具向社交产品转变，避开红海竞争，是开辟社交新市场的魄力之举。

互联网时代，用户数量与黏性即变现能力。美图通过多种方式探索了变现渠道，包括线上的电商、直播、广告与线下的美图手机，基本形成了美颜应用导流、流量变现、应用优化与发展的良性循环。

第4章

云集：赋能小b的大生意

小b：个体创业者。

“消费者并不知道自己需要什么，直到我们拿出自己的产品，他们就发现，这是我要的东西。”

——乔布斯

在数字化1.0时代，信息更多地在企业内部流动，彼时的商业生态体系，企业更为重视自身核心竞争力的提高，以“零和”博弈赢得市场。在数字化2.0时代，企业之间的信息孤岛正在逐渐被打破，随着区块链等技术的逐步普及，信息在企业之间的传递将更为通畅。这为中小企业冲破行业巨头的垄断带来新的机遇。通过信息协作和共享，众多中小型企业可以发挥各自比较优势，形成产业生态圈，互为供需方。而搭建一个服务众多企业的“平台”，赋能交易各方，将是未来企业冲破行业巨头垄断的有效战略。

在天猫、淘宝、京东三大巨头之下，零售电商被认为很难有新的机会，甚至连社交巨头腾讯几次尝试零售电商最终都黯然收场。电子商务研究中心发布的《2017年度中国网络零售市场数据监测报告》[1]显示，2017年天猫以52.73%的市场占有率居首，京东把控着32.5%的市场，位居第二。尽管唯品会（3.25%）和苏宁易购（3.17%）紧随其后，位居第三、四名，但只能在余下不到20%的市场份额中苦苦挣扎。

然而社交电商却像门外的野蛮人一样，突然冲入这个看似稳固的市场，掀起一阵风暴。2017年，拼多多以约1 000亿元的GMV（gross merchandise volume，商品交易总额）排名B2C零售电商第五，占据2.5%的份额，且仍在高速增长。2018年4月23日，社交电商网站——云集，宣布完成1.2亿美元的b轮融资，完成该笔融资后，云集的估值超过20亿美元，成为社交电商领域无可争议的独角兽企业，而实现这一切，云集只用了3年的时间[2]。

如同当下普遍被焦虑支配的年轻人一样，云集的诞生，也是源于创始人兼CEO肖尚略的焦虑。

小也香水的焦虑

肖尚略1978年出生于安徽铜陵，作为一个“70后”，目睹

[1] 电子商务研究中心，《2017年度中国网络零售市场数据监测报告》，2018年6月14日，http://www.cecc.org.cn/news/201806/526522.html，最后浏览日期2020年6月29日.

[2] 腾讯网，《社交电商独角兽云集如何炼成？》，2018年5月25日，https://new.qq.com/omn/20180525/20180525A1GYNY.html，最后浏览日期2020年6月29日.

了中国互联网电子商务带来的巨变，怀揣着梦想的他，在世纪之末的1999年，从铜陵来到了淘宝的所在地浙江杭州，依靠淘宝平台，做起了香水代理的电商生意，2003年创办了小也香水。肖尚略是第一批抓住电商红利的人，小也香水在淘宝等电商平台持续发力，2006—2010年，小也香水销售额年均增幅超过200%。2012年小也香水达到顶峰，实现销售收入数亿元[1]。

然而电商平台并不是只属于肖尚略的，随着品牌商对电商平台逐渐熟悉，他们纷纷在电商平台启动了线上直营。品牌直营店资金雄厚，投入数十人成立线上营销队伍进行广告营销，在全国各地设立仓储物流基地，就近发货等举措，令作为分销商的小也香水在价格、流量、物流等环节的优势迅速丧失殆尽。除了品牌商直营，京东、天猫、唯品会等品牌电商也开始兴起，凭借品牌信任度和庞大的规模经济优势，进一步挤压了小也香水的盈利空间，小也香水的增长速度一度降到20%以下。经营业绩的压力，让肖尚略倍感焦虑。

机会总是伴随着焦虑产生。

❶ 搜狐网，《做过木匠，卖过香水，37岁创立国内最大社交电商！“宝妈”的最爱》，2019年07月23日，https://www.sohu.com/a/328803412_100008055，最后浏览日期2020年6月29日.

发现被淘宝忽视的“95%”

小也香水的困境，也让肖尚略发现了一个被电商巨头忽略的巨大市场。在肖尚略看来，小也香水的困境，也是淘宝上500多万中小卖家的困境——面对强大的品牌商和直营电商，中小卖家的出路在哪里？深耕零售业的经历，也让肖尚略发现了另一个被忽视的群体——实体店铺的导购员。近年来，由于电商的冲击，实体店铺客流量下滑严重，尤其是在工作日，大量导购员处于闲暇状态。根据粗略的调查，线下导购群体大约有5 000万人之多，如果能让这些拥有行业经验、客户群体以及富裕时间的群体发挥价值，那将是一个非常庞大的市场。市场发现了，但是如何让它运作起来，彼时的肖尚略还没有清晰的答案。

带着困惑和思考，肖尚略在2012年来到中欧国际工商学院就读，希望一边学习，一边探索答案。在肖尚略读书期间，微信超越微博成为国内最大的社交平台，微信安装在智能手机上可以随身携带，微信的社交属性让商家可以更直接地和客户交互，线下导购员可以通过微信直接触达客户，这似乎是肖尚略期待已久的模式。于是他开始研究微信公众号，一开始肖尚略聘请了几十名美容顾问做导购，利用微信销售小也香水，但效果并不理想。微信公众号+线下导购的尝试并不理想，是这个市场不存在，还是用错了方法？肖尚略那时还没有清晰的答案。

与此同时，云集的另一位重量级人物也在做着相似的探索，他就是后来的云集联合创始人兼CTO郝焕。郝焕是中国首批做微信电商解决方案的人之一，在腾讯多年的打磨使他拥有运营大型商业IT系统的经验和技术底蕴。郝焕最初的尝试是微购物，提供微信公众号+商城的服务，同时还提供线下的导购服务。微购物是中国最早基于微信的电商平台之一，但业务量也是不温不火。虽然微购物并没有实现真正意义上的成功，但郝焕发现了两个趋势：一是微信生态内的个体经商氛围非常活跃，尽管个体交易量不大，但总体形成的交易规模十分可观；二是基于推荐的线上购买行为在大众消费群体里真实存在。

此时，两人距离发现云集仅有一步之遥。

赋能小b[1]

在摸索微信公众号的运营中，肖尚略发现微信上有大量具

---

[1] 小b：个体创业者。

有充分的闲暇时间和极强的做生意意愿的小网红、全职妈妈。但是，他们既开不起淘宝店，也做不起微商。做微商，总代理的门槛至少是投入十几万元买货，一般的代理也要数万元，几千元的投入只能从最底层的微商做起，但是几乎没有利润空间。

发现这一问题的除了肖尚略，还有有赞、口袋购物、微盟等创业企业，他们以“一键开微店”为卖点，但这些店主在供应链各个环节的能力都很弱，既没有很好的货源和议价能力，也很难提供发货配送和售后支持。一个完整的销售价值链，包括店铺租金、进货周转资金、仓储和物流成本等。而淘宝模式的电商，只是通过互联网取代了店铺租金，其他成本一项也没有减少，而如今随着流量成本的提高，节省的店铺租金正逐渐被流量成本蚕食。

微笑曲线理论认为，产业链各环节的价值创造的能力是不同的。企业要保持竞争优势，就要增强所在产业链环节的价值创造能力，或者进入价值创造高的环节。云集创造了一个平台，帮助小 b 解决产业链的物流、客服等难题，创造新的产业链和价值来源。

做一个平台，既能帮微店主解决进货发货、客服等难题，又能借鉴微商裂变的特质把数以万计的微店主联合起来形成一个流量平台，同时解决掉庞大的微商网络体系因为层层压货、资金不足导致突然死亡的问题。那些被“淘宝”们忽视的95%群体，可以用碎片化时间实现“轻创业”，而他们所需的大部分生产要素和经营能力都将由平台统一提供。

“赋能小b！”肖尚略终于找到了新的创业方向。在腾讯工作多年的郝焕的加盟，也让云集的IT能力得到了充分的保障。

云集的逆向思维

社交电商的模式路数简单可分为两大模式：一是将社交平台的用户视为潜在的购买者，重点是设法激发其购物欲望，如拼多多基于社交裂变的爆款拼团；二是将社交平台的用户视为潜在的零售商，通过为其赋能将其转化为一个个拥有卖货能力的节点，这是云集突破的方向。

给每个有意愿的普通人一次零门槛开店的机会，是云集业务模式运转的动力——这也正是社交零售的精髓：传统电商是把商家集中到一起，为他们提供交易平台和顾客流量，商家们则为平台提供商品和服务。社交零售则是反其道而行之，先挑选一定数量的商品，集中到自己的仓库里，然后通过平台分配给有消费号召力的意见领袖，即粉丝众多的店主，再依靠意见领袖们在网络社交圈的推荐、宣传，带来顾客流量和交易行为。

店主们只需在社交网络中分享商品信息，利用信任关系激发购买需求。从这个角度看，云集可以视为一个逆向逻辑的滴滴出行：滴滴出行作为平台，为车主提供打车需求，车主提供包括闲置车辆、技能、时间等在内的生产要素；云集也是一个平台，它为店主集中提供商品、物流、客服、IT、培训等在内的生产要素，店主负责带来流量和购买需求。

云集的顺利诞生，小也香水多年的积淀也功不可没，小也香水多年积累的大牌美妆供应商资源为云集提供了早期的供应链基础；仓储、物流服务则是延续过去与顺丰、亚马逊的合作。在线支付早已有腾讯和阿里提供的完善解决方案；IT架构在郝焕的带领下稳步提升，种子用户（店主）则来自肖尚略运营小也香水时在淘宝建立的广泛联系。

2015年5月，云集APP正式上线，2017年云集全年增速超过400%，截至2018年8月，云集已拥有300多万店主，短短3年，为300多万人提供了兼职工作[1]。

平台上的“六朵云”

云集的模式有一个相对简洁的概括（见表4-1）：社会化零售平台+会员电商。一方面，云集是一个服务于个体的零售服务平台。云集为加入平台的店主们提供包括商品、内容（商品信息）、物流、客服、IT、培训在内的六大基础设施。店主们无需进货，无需经验，只需在线上简单培训后安装一个云集微店APP，发送链接到朋友圈即可开张。店主的主要工作是把商品推荐和销售出去，通过社交媒介让尽可能多的人看到和购买。

表4-1　云集服务体系

物流	• 无需囤货，一键发货 • 杭州、广州、北京、无锡、西安、武汉等20多个仓库 • 配送范围覆盖全国31省，单日发包裹数量最高达120万件
供应链	• 中央厨房式供应链服务 • 集中采购保证低价 • 精选商品，均由中华联合保险承保

[1] 中新网，《跨境业务增速457%　云集微店跨境+社交电商模式获赞》，2018年02月11日，http://www.chinanews.com/business/2018/02-11/8446656.shtml，最后浏览日期2020年6月29日.

（续表）

IT系统	• 简化的开店步骤 • 简便的CRM系统 • 便捷的数据分析工具和销售工具
客服	• 集成式中央客服 • 统一后台解决售前售后咨询 • 引入人工智能客服
内容	• 中央后台高质量文案图片输出 • 即时更新产品知识介绍 • 商品一键分享至各社交平台
培训	• 全方位培训机制 • 平台专属培训师定期教学

另一方面，云集还是一个向美国最大会员制连锁超市Costco学习的会员制精选电商。云集平台上的商品均为自营正品，覆盖多个品类，对每个细分类别的商品数量进行严格控制，原则上只选顶尖品牌的爆款产品，通过精选实现优质低价。云集店主同时也是“超级会员”，缴纳398元的开店服务费后，购买云集内的商品能享受额外的折扣优惠、“云币”赠送以及包邮等服务，其折扣甚至低于主流电商平台。

截至2018年7月上旬，云集已有460多万名店主入驻，普通消费用户超过3 000万人。据内部统计，云集店主的自用性消费与通过社交圈卖货带来的收入，从最终的销售额来看几乎是50 ∶ 50，印证了在云集体内并存的两类属性。

平台的“价值创造”

“赋能小b”落实到云集的企业战略上，就是“价值创造”——让消费者、店主、供应商这三大核心利益相关方在云集的平台都能够实现价值的增加。

对于消费者而言，找到满足需求的优质商品，是电商网站提供的最大价值。云集通过“货找人”来实现这一目的。云集植根于社交平台，因此，其用户的消费场景与传统电商平台大不相同，他们并非带着需求去寻找商品，多数是被无意中看到的商品信息激起了购买需求。

这是以云集为代表的社交电商所处的蓝海：用户在目的性非常明确的搜索购物之外，存在着大量生活品质提升类的推荐性消费需求。在商品高度丰富的今天，用户面临海量的选择，很多时候，用户并不能很清楚地知道自己想要什么。借用乔布斯的那句名言，“消费者并不知道自己需要什么，直到我们拿出自己的产品，他们就发现，这是我要的东西”。云集就是要找到让顾客想要的东西并且推荐给他。但是，这个看似简单的需求，传统电商平台却很难满足，因为现有的推荐系统是根据顾客购买的历史数据推断得出的，对顾客潜在的购买需求，大数据的局限性就很明显。因此，我们常常发现，电商网站会反复向我们推荐已经购买的商品。对于易耗的日用品而言，这种方式可能有效，但对于大额商品或相对小众的商品，这种推荐方式就收效甚微了。

> 需求分为三个层次：Need（基本生理需求）、Want（对满足生理需求的具体产品的欲望）、Demand（有支付能力的能够购买的商品）。营销要满足消费者的Demand。云集通过聚焦消费者的真实需求，实现了精准营销。

云集采用了另一种思路，即社会化推荐。因为肖尚略认为，信息获取方式的变化已经预示了商品获取方式的变化。“今天如果把Facebook、Twitter或者微信、微博从你的手机上卸载掉，你会觉得很无聊。其实你不知道自己要什么，如果你知道要什么，就可以去百度、谷歌，今天我们的信息内容供应，90%不是搜索来的，而是通过‘订阅’这个动作推送给我们的……人们获取信息方式的变化，一定会带来商品获取方式的变化。”肖尚略对信息时代商业模式的思考是：信息搜索时代催生了谷歌、百度；商品搜索时代催生了阿里、亚马逊；信息订阅时代催生了Facebook、微信；商品订阅时代又能催生出怎样的企业，想象空间很大。

对供应商而言，提升品牌价值是最大的需求。2017年，云集推出“三个500”品牌战略，即重点扶植500个主流品牌、500个创新品牌和500个品质工厂。“500”并非实数，而是强调聚焦。与动辄数千万SKU（Stock Keeping Unit，库存单位）的传统主流电商相比，云集在总量上不占优势，但通过精选可以使每个单品获得充分的流量支持，提高供应效率。云集的供应商主要包括三大类：主流品牌、创新品牌、品质工厂。

主流品牌即消费者耳熟能详的一、二线品牌。云集发展之初依靠小也香水的资源积累，从美妆个护品类切入，主流品牌所占比例较高，为云集起到明显的背书作用，目前主流品牌在云集的占比大约30%。对主流品牌来说，云集能够提供新的增长空间、增强品牌价值。由于云集的客户主要在二线到三、四线城市，主流品牌可以借助云集的渠道优势，有效下沉。目前云集已经和达能、花王、LG、资生堂等诸多品牌建立了直接合作。

创新品牌指由创业公司打造的小而美的新锐品牌，它们往往对最新的消费动向与产品的品质调性有较好的把握，但在渠道推广能力上缺乏积累，云集对此类品牌的助推作用十分明显。2017年7月，创立一年多的杭州生鲜品牌大希地与云集合作，5个小时卖出150万片牛排，销售额近1 400万元，与当时天猫商城销冠牛排店铺的月度销售量不相上下。品质工厂是指云集直接和国内拥有优秀制造能力的工厂合作，推出平台自有品牌或是扶持优秀工厂打造自己的品牌，利用自身的流量以及品牌、营销等能力，缩短传统供应链条，获得高性价比。

因此，“选好货、卖好货”能够概括云集微店供应链的核心价值。云集管理层认为，未来云集微店的SKU总数会减少，但每一个SKU都应该是爆款。

对云集最重要的用户——中小卖家（店主）而言，赋能是云集提供的最大价值。以前的品牌价值链包括“代言人-媒体-代理商-零售商”，这4个环节大概要占据70%的价值，电商压缩了一定层级，但高企的流量成本正逐渐蚕食节约出来的价值。

而云集的店主，相当于同时扮演了代言人、媒体、渠道三个身份，云集扮演的是服务商。云集的“S结构”是一张大的服务网络，通过控制商品供应链、仓配物流、IT系统、内容、培训、客服等资源，将其开放给店主，实现云端资源共享。在共享经济下，单车、充电宝这些“有形”的硬件可以共享，那供应链资源、服务能力这些“无形”的资源也可以被数字化以后共享出去，如此一来，就解放了小b的“双手”，释放了小b的价值，降低小b的生意成本——以此吸引更多小b入驻。这也是云集所喊的“让买卖更简单”。

在赋能的同时，云集还注重发挥店主的积极性，发挥电商平台的社交属性。云集店主身负两种职能：一是推荐自己认可的产品；二是推荐云集这个平台。表面上的“拉人头”即是对平台的推荐，与阿里巴巴诚信通等企业的推广并无本质不同。尽管云集销售自营正品、收取合理毛利、坚持一级分销，在诸多方面均与传统微商有根本不同，但由于产品推广的形态近似，难以完全隔绝微商带来的负面联想。对店主的管理和激励是云集模式中最为核心和微妙之处，也是最大的争议点所在。整改之前，云集曾将店主分为店主、导师、合伙人三级，后两者从新入店主上缴的服务费中提取一部分作为收入。

对云集来说，对抗负面认知最根本的途径是夯实自身的基础，加强价值创造。比如，对平台商品的准入和管理更加严格，目前云集后台的商品入驻申请通过率在1%～5%[1]，供应商入驻申请通过率不到10%，每个月的平台商品根据综合表现

---

❶ 中欧商业评论，《云集：做零售界的“滴滴”》，2018年8月，http://www.ceibsreview.com/show/index/classid/28/id/4216，最后浏览日期2020年6月29日.

强制淘汰5%，严格控制商品的退货率，2018年第一季度云集平台的整体退货率为1.13%，远低于传统电商。再如，参与农村市场的精准扶贫，与浙江大学先后发起"'云集'农业品牌孵化行动"（"百县千品"）与"乡村振兴千人计划"，利用平台强大的传播和分销能力助推农产品上行，一天销售近2吨土豆、8.5万千克李子的故事比比皆是。

波特竞争战略的三种基本类型分别为：成本领先战略、差异化战略和目标集聚战略。差异化战略可以实现较高的品牌溢价。云集新的品牌升级就是围绕差异化展开的，通过社会化推荐，用个性化商品满足消费者的需求。

云集的收入由三部分构成：店主向平台采购商品时的供应链收入、店主利润部分的提成以及店主缴纳的会员费。2017年，云集已实现盈利，但盈利并非其现阶段的目标，"有很多钱不知道怎么花"。目前平台处于投入扩张期，对店主的补贴力度较大，还将在优化物流仓储网络、发展自有品牌、新品牌投资等方面加大投入。

根据电商企业禀赋的不同，往往会对流量或供应链端有所偏重。发展比较早的电商，往往比较注重供应链的建设，比如网易严选等，它们的流量端就有些弱。优点是对货品的品质、物流等把控的比较严，但是裂变的性质弱一些，可以在细分市场取得比较强的优势，但要对抗天猫、京东就有些困难。而拼多多等后起之秀，则往往另辟蹊径，靠流量优势迅速崛起，在某些品类或区域，甚至可以比肩天猫和京东，但是它们的问题是供应链端太弱，对商品的品质控制不严，如果不做出改进，短期的流量优势很可能会因为商品的口碑问题，迅速被消耗掉，爆红之后也可能面临“速朽”。

云集选择的是比较折中的路线，两端的发展比较均衡，成立三年，两端平衡发展的云集年均增长速度400%[1]，与爆红的电商网站相比，这个速度不算太快，其中也有人为控制的因素，最大的挑战依然是人们对于“微商”的负面认知。

品牌升级，新的差异化在哪里？

2018年5月，云集发布了“品制500”战略，跟制造商合

---

[1] 中欧商业评论，《云集：做零售界的“滴滴”》，2018年8月，http://www.ceibsreview.com/show/index/classid/28/id/4216，最后浏览日期2020年6月29日.

作，做C2M（Customer-to-Manufactory，顾客对工厂）定制，也跟品牌合作，做云集专供商品，精选爆款，计划在当年完成50款SPU的上线，将商品总数量控制在4 000 SPU。

对“品制500”，云集COO（Chief Operating Officer，首席运营官）胡健健做了如下的解读："一款素野品牌的气垫和香奈儿500多元的气垫是相同供应商，相同配方，但价格只要149元。"

这个解读并无太多亮点，事实上，“品制500”与网易严选思路非常相似，即用尽可能少的SKU，做尽可能多的销量，单一商品的订单量越大，边际成本越低，平台的议价权就越高。云集上有不少知名品牌，但“性价比”这个概念只适用于品牌行货，只要正规的渠道，相同品牌的同一商品价格不可能相差太多，否则就是窜货行为。而渠道专供，无非是换了包装规格，做出差异化而已。

因此“品制500”的核心就是渠道品牌化，云集作为渠道掌握定价权。在如今信息高度对称的时代，依靠屏蔽信息来盈利已经非常困难，但如果某种商品整个市场货源渠道是唯一的，那还是能够凭借一定的垄断优势，获得较高的利润。如淘宝心选、京东京造一样，渠道方通过与用户交互的海量数据，识别用户对商品的需求，然后打造自营商品，让性价比成为用户的选择，从而吃掉同类商品。

目前，行货由天猫、京东等巨头垄断，云集的优势在于其精准的消费人群（主妇、宝妈），并形成了比较封闭的消费环境，可以用非行货、定制化、差异化的产品，用意见领袖的传播，将用户群体拉回一个相对“信息不对称”的消费环境中。把会员电商+社会化零售的模式做到极致，这可能是未来云集战略的目标。会员电商，成了云集电商的下一站。

云集的启示

云集的崛起源于对大趋势的把握，网民对网络信息的获取，经历了搜索信息到订阅信息的转变，那么电商行业是否也会经历这样的变化？创始人所具备的举一反三的能力，让云集以设计+电商的模式，在阿里、京东把持的传统电商市场中攫取了可观的份额。

尽管共享经济存在一定的争议，但是共享经济所带来的所有权与使用权相分离的模式，对企业运营依然有着重要的借鉴作用。云集将产业链多个环节外包，充分发挥了小b可以快速迭代的资源优势。同时，依靠云集自身强势品牌和资源的支持，弥补了小b在供应链谈判、品牌知名度等方面的不足，实现了品牌赋能。

第5章

保乐力加：中国的翻身战

“数字化生存是现代社会中以信息技术为基础的新的生存方式。在数字化生存环境中，人们的生产方式、生活方式、交往方式、思维方式、行为方式都呈现出全新的面貌。”

——尼古拉斯·尼葛洛庞帝《数字化生存》

酒是世界上最古老的饮料之一，酒文化在世界各国都占有重要的地位。在数字化时代，古老的酒类企业该如何拥抱数字化？最重要的应该是重新审视客户群体，精准定位企业竞争地位，并利用数字化技术对客群进行分类管理和运营。这种对环境更敏锐地把握，对新技术等资源更快速地吸收，以及更开放的多方连接合作共赢，才使企业能在不再有定式的游戏规则下摸索出制胜之道。

传统策略在中国失灵了

保乐力加是全球高端烈酒市场的主要集团之一，在全球范围内拥有超过85家子公司及101个生产基地，拥有一系列享誉世界的品牌，覆盖了丰富的产品门类，包括绝对伏特加（伏特加）、力加（茴香酒）、百龄坛、芝华士、皇家礼炮和格兰威特（苏格兰威士忌）、尊美醇（爱尔兰威士忌）、马爹利（干邑）、哈瓦纳俱乐部（朗姆）、必富达和猴王47黑森林（金酒）、甘露和马利宝（力娇酒）、玛姆和巴黎之花（香槟）以及杰卡斯、博岚歌、帝国田园、格拉菲娜和金舞（葡萄酒）。保乐力加一直以来通过国际品牌组合及高端化策略实现可持续增长。作为保乐力加在全球的第二大市场，过去20多年来中国市场的强势增长给保乐力加在全球的发展注入了一股“强心剂”。

然而，2013年起，由于“三公消费”限制以及经济大环境的调整，中国的白酒企业在低迷中徘徊。如2013—2014年间，在全年两市“十大熊股”中，洋河股份以58.40%的跌幅位列最熊股[1]，在十大熊股中酒类股居然占据了四席，其余三席为酒鬼酒、山西汾酒和沱牌舍得。汾酒集团董事长李秋喜就曾感叹，白酒行业的高价消费和团体消费的时代已经过去。这意味着白酒市场已经从以公费消费“名酒”的时代，切换进入

[1] 中国新闻网，《2013暴跌58%！洋河股份成A股第一熊股》，2013年12月25日，http://www.chinanews.com/stock/2013/12-25/5659688.shtml，最后浏览日期2020年4月15日。

“民酒”时代。根据酒商网调查显示：在选择过年回家团聚酒种类的时候，有80%的消费者选择了白酒，而其中又有50%的人选择200～500元的中档酒，选择1 000元以上高档酒的人不足一成。同时，随着消费水平的提升，居民对中端产品的需求将会越来越旺盛，中档酒尤其是具有鲜明消费特征的酒将迎来市场机会。白酒的市场趋势同样适用于保乐力加。

受政策变动影响，保乐力加这样的洋酒巨头也很难置身事外，其业绩接连遭遇滑坡。在这种情况下，保乐力加中国原有的品牌宣传和营销策略在市场大环境中也失灵，业绩直接受到拖累。仅在2013年，中国市场营业额就下滑两成多。在高端烈酒市场遭遇滑铁卢的保乐力加，不得不投入更多资源来开拓个人消费市场，并引入更多价位亲民和性价比较高的产品。基于以上这些原因，保乐力加中国做出了一个大胆的决定，成立新兴业务部，专攻年轻人市场。

这样的调整并不是公司增加一个新的销售市场那么简单，其背后的逻辑还是保乐力加敏锐地意识到中国市场的格局正在发生巨大的变化：① 中产阶层群体的扩大。这一阶层人数翻番加上频繁饮酒的习惯，为酒类市场带来了新的发展空间。广发证券研究表明，按美国、日本等烈酒消费升级较早国家的成熟经验，人均可支配收入提升是烈酒消费升级的主推因素，中国、印度等发展中国家的烈酒消费正在逐步升级。而中国的富裕阶层将出现大幅度的增长，更加激发了市场的增长潜力（根据保乐力加中国的调研数据显示，2015—2024年，月收入低于5 500元的群体将快速缩小，2018年，位于顶端的富裕阶层，即月收入大于2.5万元，达3 600万人，而这一数据在2015年仅为2 000万人）。② 中国消费群体日趋多样化，对酒水的了解也越来越有见地，而不是单纯为了追求身份和地位感。

> 产品需求受政治、经济、文化、技术变化的影响。国家政策对白酒品类的需求有较大的影响。企业战略需要时刻关注上述条件的影响。保乐力加通过生产新品来应对变化。

因此，“未来在中国我们着眼于两个潜在人群的增长”，保乐力加中国董事总经理高晟天认为：“现有的饮酒人群——他们未必会消费更多酒精产品，但有买更高端产品的潜力；另一块则是新的消费人群，他们从消费入门级产品开始。”

通过对于外部环境的调研，保乐力加总结出了与自己战略相关的八大消费者趋势：① 追求健康饮酒；② 提升酒水鉴定知识；③ 追求数字化；④ 年轻群体崛起；⑤ 追求趣味性；⑥ 女性饮酒兴起；⑦ 受鸡尾酒文化渗透影响；⑧ 追求国际化与本地化相结合。

新兴业务部：没有先例的做法

成立新兴业务部这样的战略举措，被保乐力加中国董事总经理高晟天形容是“没有先例的做法”。在中国市场新兴业务部和传统业务部的分隔，在全球其他国家和地区都没有运用过。

在宣布成立新兴业务部，并对公司内部进行重组时，保乐力加中国的员工都十分震惊。不过，保乐力加还是雷厉风行地执行了这样的改组，几百名员工汇报的对象以及他们所负责的产品都重新进行了划分。“这是中国市场特有的一个事业部。三四年前，中国市场发生了非常大的变化，对我们来说也是一种倒逼的机制。”高晟天说，“我们充分认识到绝对伏特加面对的人群和马爹利所面对的人群在很多方面都是差别非常之大，因此，我们必须要在自己的组织架构上果断地进行调整，从而能够对细分市场有一个更为针对性的解决方案。”

> 企业战略的落地，需要组织结构的支持。波特将企业价值创造分为基础活动和支持活动。企业组织结构，是将支撑价值链的落地。保乐力加通过调整组织架构，使企业决策机制更好地服务本地市场。

为此，当时的保乐力加中国将公司的产品群进行划分，重新调整公司的组织架构，把销售团队重组为传统业务部和新兴业务部，前者负责高端奢华产品，如马爹利、巴黎之花、皇家礼炮等；后者重点销售亲民产品（产品线均价在200元以下），如绝对伏特加、百龄坛特醇，主要受众为年轻消费者。在渠道上，传统业务部有两级分销体系，主攻KTV、酒吧、餐饮等夜场渠道；新兴业务部则只有一级分销渠道，主要对准电商、商超、便利店等日店渠道销售，一切举措都是在避免“左右手互搏”的情况下，实现两驾马车齐头并进。公司希望凭借在中国20多年的市场经验，在巩固高端奢华档区市场里强劲竞争力的前提下，努力往下延伸，不断招募更多的年轻消费者，抵御高端酒品市场巨变的负面影响。

在分销体系上，传统业务部和新兴业务部有着明显的差异：通常进口洋酒在中国的酒吧分销体系有一级批发商、二级批发商等层级——传统业务部依然采用这个体系；新兴事业部则将全国30个主要城市的二级批发商精简为每地1～2个，全国共60个左右的批发商。这项改革能提高分销效率和保乐力加的主导权，并更快地应对市场变化，适应年轻消费者多样且多变的需求。

数字化转型驱动销售

对于年轻消费群体来说，可能他们从来不喝进口烈酒，只喝啤酒，但可以通过宣传和培育改变他们的认知。一旦年轻消费者有足够的购买力之后，他们会自然而然地选择进口烈酒作为其日常用酒。

将销售市场下沉到年轻人市场，是保乐力加中国在过去的两年间打出的一张重要王牌。如何招募到更多的年轻消费群体呢？鉴于中国电商飞速发展与中国消费者非常热衷网购的市场背景，数字化转型成为保乐力加市场下沉到年轻群体中的必经之路。

其实，在酒类行业严重依赖品牌化营销，同行竞争日趋激烈，消费和广告受到管控打压的情形下，如欧洲，新的隐私条例GDPR（《通用数据保护条例》）已经加深了对饮料公司的限制。数字技术是酒类公司重新构建与消费者沟通桥梁，促进渠道下沉，决定一个品牌是蓬勃发展还是急转直下的关键。尤其是在电商潜力尚待开发的时候（根据一份尼尔森报告，调查的63个国家中仅有8%的网民在网上购酒），谁能先搭建数字化营销体系，谁就能占据年轻消费群体的头部市场。

事实上，过去的几年时间里，中国整个烈酒行业掀起了一波又一波的“触网”潮。作为进口烈酒中的一员，保乐力加在“触网”上可以说是走在了行业的前列。除了大力发展电商销售渠道外，从产品、营销到渠道，保乐力加进行了一系列数字化改造。数字化目前已经完全融入公司，至2019年初保乐力加雇用了超过150名数字化专家。

1. 产品端上线“乐鉴码”

2015年12月，保乐力加中国升级上线了新的“乐鉴码”。消费者只需要使用智能手机，对瓶颈处的二维码进行扫描，确认手中的产品信息，即可实现鉴别。至2019年，市面上流通的保乐力加旗下产品共有三种不同的乐鉴码：带有12位码标签、三位隐藏码标签和双层隐藏码标签。乐鉴码的出现，为消费者在保护消费者权益方面上起到了积极的作用。

同时，乐鉴码也是保乐力加中国与消费者进行互动的重要枢纽。保乐力加中国也给乐鉴码赋予了各种各样新的功能，使得消费者能够轻松与保乐力加旗下各个品牌进行互动。如2019年“乐鉴码”上线新活动，能够通过扫码观看追溯产品诞生全过程的视频，覆盖了生产、包装、分销和销售等每一个环节。不仅通过视频科普了酒类知识，激发消费欲望，也通过回溯过程提升消费者对产品品质的信心。

2. 与腾讯建立战略合作

2017年6月，保乐力加中国与腾讯签署了联合发展计划，目的是探索更多的内容营销，结合腾讯在体育、音乐等方面的内容优势，共建年轻化社群，通过社交属性链接品牌与核心人群，实现从“触达”到“互动”的跨越。保乐力加自身拥有一个洞察消费者消费行为的数据库，与腾讯合作可以与腾讯的数据库进行比对，进一步洞察到原来没有发现的消费者行为数据，以便进行精准营销。

3. 微信小程序“Ask Jerry”上线

保乐力加上线了微信小程序“Ask Jerry”——它更像个只回答酒类相关问题的Siri，基于人工智能的Jerry会回答人们提出的鸡尾酒调酒配比等问题，主要针对那些想在家自制调酒，或是开家庭派对的年轻人。这款小程序也售卖一些打包好的调酒原料包，人们可以直接在线上下单。这样一个小程序正迎合了保乐力加识别的八大外部趋势。

4. 围绕年轻人的线上、线下营销举措

产品仅仅出现在酒吧、餐馆和商店里已经不算是充分展现了。在正确的环境定期强化品牌才能让消费者继续品尝它。接触和体验品牌的新方式可以帮助品牌与日益苛刻的新一代饮酒者保持连接。

保乐力加在数字化层面上屡出新招，如赞助视频节目并与即看即买结合，芝华士对NBA等赛事的赞助也是集团的营销重点。

同时，绝对伏特加对《中国有嘻哈》的赞助为品牌赚取了足够高的曝光量。在保乐力加对于绝对伏特加的定位里，这是一个探索和创造最多元最潮流的青年文化和社会价值观的品牌，公司希望绝对伏特加能够通过《中国有嘻哈》带给年轻人这样一种联想和印象。除此之外，品牌还在深入展开一系列行动，打造“绝对嘻哈夜计划”全国巡演，并且与绝对伏特加的天猫店实现联动，通过下单获赠入场券。

此外，绝对伏特加发起了一个极具创意的跨年夜活动——“百城绝对夜计划”，在这一活动中年轻人可以将自己的创意跨年计划提交至“绝对夜计划”平台，被选中的人则能得到品牌提供的派对资金。其结果就是，绝对伏特加拉动所有的入门高档品牌销量增长21%。这个只针对中国市场推出的线上平台自发起以来，已成功举办四届。每一个跨年夜，全国各地富有创造力的“夜间创意者”都会聚在一起演绎100种不同的跨年新玩法。品牌认为，这是让更多低线城市年轻人了解绝对伏特加最行之有效的方式——先吸引一些有态度的年轻人，再通过他们举办的线下活动，通过类似排队的形式，辐射更多本地的潜在消费者。

5. 差异化、丰富的产品组合

保乐力加中国的产品跨度是“业界最广的一家企业”，几乎所有在全球其他地区有的品类，都已在中国正式推出。通过非常广泛的产品组合，不同的单品对应不同的目标消费人群，可以更好地吸引不同的新消费者。举例而言，在中国，鸡尾酒文化现在已经成了潮流，用以白色烈酒为基酒的鸡尾酒来招徕新消费者就很有效，尤其是千禧一代年轻人。再比如，单一麦芽威士忌在中国已然被追捧，保乐力加在中国已经实现了格兰威特全系列产品的上市，包括年份型的、非年份的和更为高端的单桶产品，以覆盖不同的细分人群。此外，还会依据中国消费者的独特偏好来推出量身定制的单品。

6. 加码电商和现代商超

电商目前是保乐力加中国提速的一个重要利器，既可以确保正品、防范水货，也可以更加有针对性地为消费者提供服务；更重要的是，通过电商保乐力加可以轻易覆盖到品牌还没有建立起相关销售团队的市场。目前，保乐力加在电商、便利店等新兴渠道的业务已经初见成效，新兴业务部旗下的多个品牌已经实现了两位数的电商占比。个别品牌的日店销量已经超过夜店销量。

同时，保乐力加将加码移动应用端的营销与渠道建设。据公司电商数据，目前中国有85%的电商购买行为是在手机而非电脑上进行的。这要求品牌的移动端营销最好有直接导流的能力。一方面，人们在其他社交平台看到产品时能直接导流至电商；另一方面，通过小程序、H5[1]等方式提高品牌认知度，并催生购买需求。

---

[1] H5又叫互动H5，相当于微信上的PPT，主要用于品牌方传播和推广的载体。H5是一种新型的移动社交营销工具。

7. 新营销活动，线上的欢聚时光

世界需要创享欢聚。在科技发展日新月异的现代社会中，人们越来越倾向于使用社交媒体交流，线下欢聚时光正日益减少。保乐力加携手法国领先的市场调研公司Opinionway于2018年12月联合发布的《全球创享欢聚调查报告》（*Conviviality in the World Today*）显示，在全球11个国家的11 000余名受访者中，有63%的人选择通过短信和社交媒体与家人和朋友联系，仅有15%的人会主动选择与他们见面；因观看网络视频而拒绝陪伴家人外出的受访者比例达到了77%。随着线下聚会时间的减少，超过五成的受访者提到与家人见面频次少于5年甚至10年前，更有约60%的受访者认为全球“创享欢聚”的氛围相较5年、10年前显著下降[1]。

保乐力加意识到了数字化时代所带来的虚拟社交问题，希望通过虚拟社交构建欢聚场景，传播公司的品牌形象与理念。为此，2019年保乐力加推出其倾情创作的纪录片《创享欢聚原力》（*The Power of Convivialite*），纪录片通过一场演绎欢聚人生的环球之旅，捕捉了全球十余位“创享欢聚达人”与家人

---

[1] 华西都市报，《创享欢聚原力》，2019年1月28日，https://e.thecover.cn/shtml/hxdsb/20190128/99023.shtml，最后浏览日期2020年4月15日.

朋友共度欢聚时光的美好瞬间。他们来自不同国家、拥有不同职业，在片中分享了各自“创享欢聚”的人生态度，也鼓励着更多消费者成为现实生活中“创享欢聚”的实践者。

不可小觑的对手

据全球市场咨询公司IDC做出的预测，至2022年，80%的企业效益增长将直接依赖于数字化供给和运营[1]。而酒品行业在数字化这块还落在绝大部分其他细分行业之后，饮料公司的业绩则更低。举例来说，保乐力加的报告称其网络销售额仅占其全球销售额的2%。而随着高端酒饮市场增长趋缓甚至动荡的前提下，开发年轻消费者成为必然的选择。数字化也即成为建立新消费者通道的机遇之一。无数的参与者正以数字化为核心进入这一战场。

1.“数字茅台”，为茅台生产带来新的动力

茅台酒的酿造是世界酿酒行业最复杂的生物工程之一，

[1] 搜狐网，《至2022年80%的企业效益增长将直接依赖于数字化供给和运营》，2018年10月24日，http://119.90.40.236:8089/questionnaire/userTest.do?method=beginTest&tpId=1863，最后浏览日期2020年4月16日.

茅台酒是工艺最复杂、生产周期最长、生产成本最高、参与酿造微生物最多、风格风味和健康因子最丰富的蒸馏酒。一瓶普通茅台酒从投料到出厂要经过30道工序、165个工艺环节的锤炼，至少历时5年才能出厂。为了更精准地把控生产环节，茅台将传统技艺与科技创新有机融合，在基酒生产环节，对所有730个生产班组部署了基于移动互联网的实时数据采集系统，如采集水分、淀粉、糖、酸、微生物环境等数据，建立了对生产数据的快速采集、统计、反馈、查询和分析的机制，实现了基酒数据的信息化、标准化，确保茅台基础酒质量[1]。

在勾储生产环节，茅台运用物联网技术，构建了计划科学调度、作业精确计量、库容动态管理的勾储工艺新模式，实现了现有70余万坛存酒的图形化和精细化管理，确保勾酒质量；在包装物流环节，通过部署数字化采集系统，有效串接了茅台酒生产、勾储、包装、物流信息。同时，对每一瓶出厂酒都用大数据和人工进行理化检测及感官品尝，从防伪和溯源两个社会主要关注热点出发，以国家密码管理局认定的国密算法安全芯片构建信息化防伪体系，以全过程质检信息为主线构建溯源体系，实现了每一瓶酒"来源可查、去向可追、责任可究、真伪可辨"。

---

[1] 科学网，《"数字茅台"的现在与未来》，2017年11月27日，http://www.mtjmh.com/article/detail-39725710.html，最后浏览日期2020年4月16日.

在销售环节，以云数据链接茅台2 800余家经销商。大数据手段的引入，使茅台的服务更加聚焦、更加精准，在营销上实现了线上到终端，并通过新媒体平台，将内容营销、社交圈层与传统酒业文化相结合，全面创新了营销模式。

在客户关系管理环节，茅台拥有全球大批的高净值消费客群，这些消费客户数据，与茅台越来越丰富的生产大数据和营销大数据相结合，构筑了茅台在营销渠道、消费者画像、消费趋势模型等各个领域的庞大信息资源储备。数据资产是茅台的核心，也是茅台未来战略发展的重要命脉。在大数据时代，茅台的核心资产将从品牌、生态资源、传统工艺等转向数据资产。

2. 洋河：数字化双核战略

随着“互联网”“大数据”“云计算”等信息技术的不断发展，洋河意识到了“数字化转型”的历史机遇，制定了从传统型企业转向服务型企业，从生产制造型企业转向互联网型企业的战略目标——“双核战略”，即主业进一步强化管理、智能化应用等，新业大力开展互联网商业模式研究、平台建设、用户交互及打造粉丝经济等。信息化建设先后开展了“O2O”“大数据”“移动互联”“物联网”的探索。

在主业方面，洋河于2012年开始整体的ERP转型，逐步打造了从消费者、经销商、工厂到供应商的数字化供应链体系，在加强管理基础、提高管理的精细化程度和工作效率的同时，减少了工作量，提高了基础管理水平。并于2015年与普元合作，对系统进行了升级，一方面尽可能地实现业务过程的流程化；另一方面建立统一的风格、门户与界面，解决各部门多系统问题，改善了员工的使用体验。

在新业方面，洋河又率先提出发展互联网战略，成立互联网创新中心，尔后又在天猫、京东上开店，自建电商平台和微店，上线“洋河1号”客户端、洋河1号微信公众号和效劳号，投资控股社区O2O电商公司“宅优购”等。搭建基于用户信息的大数据管理平台，为用户树立一致的标签画像，深度剖析管理，准确掌握消费者行为与偏好特征，从而完成精准推广，同时指点洋河的资源投放，提高营销的精准度。

中国市场的翻身战绩

面对咄咄逼人的竞争对手，保乐力加的转型业绩依然耀眼。据2017/2018财年前9个月（2017年7月到2018年3月）数据，保乐力加中国市场业绩同比增长19%。保乐力加中国市场收入占据整个亚洲市场的三分之一，成为集团在亚洲地区最大的市场。2017/2018财年前9个月，保乐力加亚洲和其他地区净销售额是29.66亿欧元，中国市场是9.89亿欧元[1]。

分品牌看，集团旗下干邑白兰地品牌马爹利（Martell）全球销量增速16%，苏格兰威士忌品牌芝华士（Chivas）全球增速5%，在中国的市场份额均居各自品类的首位，分别为44%、24%。此外，得益于2017年对《中国有嘻哈》的赞助及一系列针对年轻群体的营销活动，带动绝对伏特加全球销量增长6%，中国地区则达到了两位数增长。

随着中国销售市场的复苏，保乐力加全球的销售重心也在回归。保乐力加2018年将全球投资者大会搬到广东深圳召开。这是时隔五年后再次回到中国召开这样的大会，传递出洋酒巨头对中国市场重视的信号。在会上，公司宣布到2025年，保乐力加在中国的洋酒销售规模要扩大一倍，同时要增加葡萄酒的销售规模，推动中国整体进口烈酒的市场份额翻一番（达到2%）。要知道，在被白酒层层包围的中国烈酒市场，前期进口烈酒的市场份额占比，从0到1%的突破，就用了整整15年的时间[2]。公司的计划凸显了保乐力加在中国打

---

[1] 新浪财经，《保乐力加的中国翻身战》，2018年06月10日，http://finance.sina.com.cn/roll/2018-06-10/doc-ihcufqif5020931.shtml，最后浏览日期2020年4月16日.

[2] 新浪财经，《保乐力加的中国翻身战》，2018年06月10日，http://finance.sina.com.cn/roll/2018-06-10/doc-ihcufqif5020931.shtml，最后浏览日期2020年4月16日.

翻身战的业绩，也凸显了未来对年轻人洋酒消费市场的强大信心。

保乐力加的未来

保乐力加成立新兴事业部的举措可谓“大刀阔斧”，不过，目前能够带动集团利润的仍然是产品均价更高的传统业务部。与新兴业务部旗下的“入门级”产品相比，高端烈酒的市场占有率和毛利率更高。在保乐力加内部，新兴业务部的业务被定义为针对“未来消费者”的服务——虽然现在的年轻消费者可能很少接触进口烈酒，但是通过新兴业务部的培育，他们会越来越熟悉并且开始消费洋酒，伴随年龄和收入的增长，未来他们有可能成为保乐力加旗下高端烈酒的消费者。

数字化时代的营销依然围绕 4P [product（产品），price（定价），place（渠道），promotion（促销）] 展开。所不同的是 4P 营销的内涵在数字化时代发生新的变化。保乐力加在 4P 各环节，均运用数字化技术展开变革。

国家关税的下调，为保乐力加吸引年轻消费者创造了良好的机会。2017年中国财政部下调部分进口烈酒关税，其中下调幅度最大的是味美思酒，关税暂定由65%下调至14%，幅度高达51%，白兰地、威士忌进口关税均由原来的10%下调至5%[1]。保乐力加目前销售量最大的是白兰地，之后是威士忌。这项政策确保了保乐力加在经营成本不断上升的情况下，价格至少保持平稳，还能对新兴业务部的产品进行小幅度降价，比如绝对伏特加、百龄坛特醇和杰卡斯葡萄酒，应对竞争更加激烈的年轻人酒饮市场。

正是因为中国市场的变化很快，保乐力加已经准备好随时根据市场进行调整：一是不断招募新的消费者，并且通过忠诚度、知晓度以及品牌美誉度的建设，培养潜在的消费群体；二是借助数字化等工具，实现精准营销；三是大力发展电商，通过电商去覆盖传统渠道无法覆盖的消费群体。沿海地区虽然仍是保乐力加的主力销售市场，但在内陆地区，保乐力加预期洋酒消费潜能会瞬间释放，比如乌鲁木齐就是百龄坛特醇产品非常重要的市场。保乐力加将在沿海地区之外进行多元化的区

---

[1] 新浪财经，《配制酒进口关税将下调 部分品牌降幅高达51%》，2017年11月29日，https://finance.sina.cn/2017-11-29/detail-ifypapmz6030699.d.html，最后浏览日期2020年4月16日.

域覆盖。

保乐力加的启示

在过去的30多年中，世界发生了翻天覆地的变化。易变的、不确定的、复杂的环境在为大众提供空前机会的同时，也带来了破坏以及严峻的生存挑战，特别是近些年来数字时代的变革已经拓展到社会生活的方方面面。不论是高端品牌，还是无品牌产品，都需要从数字化的角度思考行业的发展趋势。

酒饮行业的数字化虽然远落后于产业的平均水平，但行业巨头纷纷奋起直追，国内白酒领军者茅台、洋河、泸州老窖、五粮液等以数字化为核心，围绕生产、营销、客户数据挖掘、内部管控几个方面进行了大胆的尝试，收获颇丰。

保乐力加面临着和中国白酒行业同样的境地，高端市场虽然仍是盈利的主要来源，但是增长后劲不足。白酒的消费从“旧时王谢堂前燕，飞入寻常百姓家”已是必然。传统的产品、定价、营销和渠道不能再适应大众消费的特征，数字化为进入新市场提供了捷径。保乐力加是利用数字化进行升级的个中翘楚，主要从营销方面切入新市场，实行新旧市场并行，保住了既有优势又开发了新的领地。

在产品（product）方面：为迎合消费者个性化需求，保乐力加实行差异化的产品组合，几乎在全球销售的所有产品都可以在中国找到，以便覆盖不同的目标客群，吸引新的消费者。

在定价（price）方面：新兴业务部负责的酒品，定价基本在200元左右，一方面显著区别于集团的高奢产品；另一方面适应年轻一代消费者的消费能力和习惯，以及竞品的定价策略。

在渠道（place）方面：并行的分销体系，传统事业部依然采用一级批发商、二级批发商等层级到酒吧的制度，新兴业务部则精简批发商层次和数量，将重心放在电商，毕竟网购才是年轻人的消费方式。这种体系成效显著，个别品牌的日店销售量已经超过传统渠道夜店的销量。

在促销（promotion）方面：在传播方面借用新技术创新了诸多的方式，比如乐鉴码，既保证了正品又增强了消费者的沟通，还能通过扫码获取消费者的社交APP信息，构建消费者信息库。线上线下的营销活动，对NBA、《中国有嘻哈》的赞助，“百城绝对夜计划”等，成功将品牌与目标客群建立了联系。

未来，新消费群体、电商、数字化仍是保乐力加在中国市场的核心词汇，在洋酒越来越被熟悉，市场从沿海转向内地、从中产转向大众的今天，保乐力加还会迎来新一波的市场机遇，值得期待。

第6章

全家：重构人·货·场的新零售实验

“未来的十年、二十年，没有电子商务一说，只有新零售。”

——马云

面对数字化，传统零售业最大的难题是其经营的实体产品难以数字化。新零售概念的提出，为零售业数字化转型提供了一个思考框架。虽然实体产品不能虚拟化，但是实体零售的客户、产品、场地均有大量的数据可以描述，大数据多维度的特性为新零售提供了分析和决策的依据。通过挖掘用户行为数据，可以为商品的选择、摆放提供决策依据，最大限度地提升坪效。

线上线下融合，新零售崛起

受益于互联网的高速发展，电子商务成为中国过去20年受益最深的行业之一。在淘宝、天猫、京东等电商网站的巨大成本优势下，传统的线下商超一时之间几乎无力招架。然而传统商超并没有坐以待毙，针对电子商务难以创造场景体验的短板，线下商超开始强化场景和体验，一时之间线上、线下混战不断。

2016年10月，马云在阿里云栖大会上提出了新零售的概念，强调在未来单纯的电子商务将不复存在，所有零售业将以新零售的姿态出现。

新零售概念的核心是运用数字化技术对零售业进行再造，打通线上、线下的渠道，实现实体零售与虚拟零售的无缝结合。新零售是"以消费者体验为中心的数据驱动的泛零售形态"，其核心价值是最大限度地提升全社会流通零售业的运转效率[1]。

新零售的核心在于数据，它以消费者为中心，在商品、服务、供应链等各个环节数字化的基础上，通过数据流动串联和驱动各个消费场景。通过智能手机、电脑、专用移动终端、实体卖场以及未来所有可实现的新通路等，给消费者带来实体与虚拟的全面融合，在线下创造丰富的场景体验，以物流配送部分代替线下实体交付为特点的新型零售业态。简单地说新零售就是用数字技术重新构筑"人·货·场"。

[1] 新浪财经，《新零售的概念最核心的是线上线下的融合》，2017年11月24日，http://finance.sina.com.cn/stock/hyyj/2017-11-24/doc-ifypathz5671501.shtml，最后浏览日期2020年5月17日.

从经营“店”到经营“人”

全家便利店（Family Mart）于1972年创建于日本。全家便利店创办之初就以“便利”作为品牌差异化的核心优势，率先提出全天24小时、全年365天无休的服务承诺。全家的选址紧邻商业办公区、住宅区和交通枢纽等消费者聚集的区域，门店数量众多，尽可能减少消费者的通行距离，在便利消费的同时，实现单位门店对消费者的高覆盖。在商品品类上，全家不追求绝对数量，以满足消费者基本需求为主，消费者急需的商品基本上都可以在全家买到。同时，全家还提供额外的便利服务，如手机话费充值、安置ATM机等。

> 差异化战略是寻求行业内产品或服务的独特性。在零售业，依靠提供大而全的商品品类已难以获得竞争优势。而提供全年无休的“便利”服务，在当时几乎没有商家能够提供，使其成为极具特色的服务。

要实现上述的“便利”，全家必须保持高速扩张，时至今日，全家已经在日本、中国大陆及中国台湾、泰国、美国等国家和地区拥有超过16 000家门店[1]。

2004年，全家进入上海，5年内在上海开店数量超过400家，随后全家先后在广州、苏州、杭州、成都、无锡、深圳、北京、东莞、嘉兴落地。截至2021年2月，全家在中国大陆的门店数量已超过2 000家。

由于便利店主要提供消费者日常生活用品，如零食、便当、家用调味品、个人卫生用品等，消费者往往需要即时购买，因而受电商的冲击相对较小。但在新零售的大势之下，不拥抱趋势，就可能意味着淘汰。

新零售是关于人·货·场的经营，全家身为国内外首屈一指的便利店，经过多年的扩张，在场方面占据了有利地位；在货方面，其店内产品系列的甄选、布局与调整之道均已成为行业标杆。全家选择“人”作为新零售之路的切入点。在总经理朱宏涛看来，现在所有便利店还在谈“店的经营”——一家店一天做多少钱；但未来，在便利店行业要谈到“人的经营”——怎么经营会员[2]。

---

[1] 赢商网，《7–11、全家呈现怎样发展特点》，2015年9月10日，http://news.winshang.com/html/052/3458.html?_adFA0.4260165181581307，最后浏览日期2020年5月17日.

[2] 亿欧网，《零售变革迫在眉睫，想要停下脚步可能吗》，2017年05月23，https://www.iyiou.com/p/46040.html，最后浏览日期2020年5月17日.

通过2年多时间的探索，全家通过一系列行之有效的方法，逐步建立起自己的会员体系，不仅拥有150万尊享会员，打开了高达50亿元会员生意的大门，还摸索出了布局新零售的战略重点[1]。

“人的经营”有多重要

当便利店可以计算出一个会员产值，或者一个会员一年的贡献的时候，门店的赢利能力和未来的发展能力就是有潜力和价值的。

实际上，“人的经营”的重要性已经在全家的经营中被贯彻执行。全家从2013年已开始推行会员制，2016年推出的百元年费会员计划“尊享会员”，经过一年的运作，尊享会员客单价已达24元，是非会员的2倍；到店频次较普通会员5.6次/月的基础上也提升了2.33倍[2]。

一切围绕会员，在全家的管理层看来，就是用现代科技、移动互联技术、大数据支持，消费场景分析，以及针对目标客

❶ 搜狐网，《这家便利店，要靠“90后”撑起50亿会员生意，背后暗藏了多大野心》，2017年6月28日，https://www.sohu.com/a/152913247_726835，最后浏览日期2020年5月17日.

❷ 同上。

户的了解，从商品、运营、选址、加盟到后勤供应，全部站在会员的角度思考，体现出会员的经营力——1家店单月营业额30万元跨到300万元的秘诀，就在于如何利用会员给便利店带来更多方位的价值。

会员制的缘起：为了找到“上帝”

“顾客是上帝。可上帝在哪里?”会员体系建立前，全家面对的是传统零售业普遍的模糊客群。全家的初衷很简单——寻找“上帝”。从2013年开始，公司研究怎么样更能够“认识”消费者。

因为消费者的消费记录通常无法跟踪，无法分析。全家起步时采取学习日本的一个联盟方式——用基本积分的方式来发展会员。2013年，全家开始筹备会员制。2014年5月，全家第一次开始在华东上线全家的会员系统。2014年5月起，全家陆续上线顾客忠诚管理（customer relationship management，CRM）、铁杆粉丝经营（Fans）和顾客终身价值（customer lifetime value，CLV）管理体系。其中，CRM系统通过大数据集中分析“‘上帝’的RFM值”，即“多久没来（recency）、来几次（frequency）和花多少钱（monetary）”三个问题。全家

29.4%的消费者是90后到95后群体，而1980年以后出生的消费者占比高达92.2%。所以，更具体而言，全家找的可能是“80后上帝”[1]。

在会员卡推出的最初半年期间，全家发卡数249万张，实际有效注册会员208万人，即大概83%的会员都会注册。因为注册是实名制，这让全家知道了消费者到底是谁，还知道了Ta的电话、性别等相关信息。并通过标记消费者一次次在全家及其他合作商户的购买行为，渐渐完成了消费标签。通过对顾客消费标签的分析，针对性地调整产品、服务、布局、营销活动等，目标在于将会员的R（间隔）F（频次）M（花费）值从111提升到333。

积分是最有效的抓手

全家的会员制里，最早是送电子券，后来送积分，让消费者知道自己还有“钱”在便利店，从而提高用户来店频次。

积分好还是打折好，可以用一个简单的计算来展示：假

---

❶ 光彩杂志，《全家便利店：如何让会员“上瘾”》，2017年12月7日，http://www.gcmag.cn/new/newsShow.asp?dataID=2109，最后浏览日期2020年5月17日.

设100积分等于1块钱，便利店做“买一送一”的打折促销活动，这笔交易客单只有3块钱。如果店铺送出的是积分，单笔交易客单将可能是6块钱。因为顾客口袋里还有300积分，这意味着Ta下次来，还可能会用。

> 会员制是企业实施"价格歧视"的一种手段，通过大数据挖掘，企业可以实现"二级价格歧视"，最大程度获得生产者剩余。

比如，此前全家在推面包新品时，全家的面包一度是“三件八折”的打折活动。但正因为打折，客单价特别低。由此，在打折活动上，全家后期打折尽量越打越小。全家的推新都逐渐聚焦在积分活动上，比如买3个面包，平均4.8元，买3个面包返5元钱，一样“买三送一”。但是500积分是送给消费者下次再用，又拉高频度[1]。

积分制是“一箭双雕”：除了拉高频度，还可以提高客

---

[1] 搜狐财经，《朱宏涛谈“人的经营”，掌握核心竞争力是关键》，2017年05月12日，https://www.sohu.com/a/139928800_713550，最后浏览日期2020年5月17日。

单价。积分门槛也被逐步拉高——目的还是拉高客单价。全家数据显示，当一个消费者买了22元商品的时候，店员对顾客说“满25元送1 000积分，即送10元钱”的时候，超过90%本来买了22元商品的客户都会回去找商品凑到25元再结账。

会员制度上线半年后，全家积分总数达9.1亿分，平均单店送出日积分约为3 710分，兑换分数2.1亿分。全家推行会员积分制的第一年，会员黏性明显提升。会员消费占比从0走到23.5%。会员每月到店频次是5.25次。会员客单价达13.5元，高于非会员客单价2.1元。

在刚需、高频次、小额流通的便利店行业，实质上每笔客单价增加2元钱都是相当有挑战的难事。按现在全家每一天交易150万人次计算，如果能做到50%交易是会员交易，每一个会员每一笔交易多2元钱的增量，大概有75万人次的会员交易，全家一天可以多出150万元的销售额，一个月可以多出4 000多万元的销售额[1]。

---

[1] 搜狐财经，《朱宏涛谈“人的经营”，掌握核心竞争力是关键》，2017年05月12日，https://www.sohu.com/a/139928800_713550，最后浏览日期2020年5月17日。

造节，“好玩”这件事很重要

会员运营的第二招是从互联网零售学到的“造节”。全家推广会员的活动先是推出了“疯狂全家日”，目的是提升客单价，拉升黏性。

2015年1月16日，全家推出第一次的“疯狂全家日”活动。活动前，全家需要动员多少员工和消费者参与，如何规划，商品的选择，后勤系统如何支持，全家内部从总公司到子公司到每一家门店的总动员和说明、发布，让全家每一位店长都对全家的会员活动有了认识和准备。之后，全家将第二个礼拜的星期五设定为固定的全家会员的节日——“疯狂全家日”。

“疯狂全家日”针对90后客群期望“好玩”的消费心理，订制与IP、电影相关的主题活动，刺激消费者购买只有在全家才能买到的“好玩产品”。比如结合电影《英雄联盟》打造“全家英雄送钱联盟”；电影《超能陆战队》火了暖男“大白”，全家又推出“白色大白造型U型枕”[1]。

2016年，全家又推出“疯狂星期三”，以期在周末消费

[1] 搜狐网，《全家是如何玩转会员体系的》，2017年05月11日，https://www.sohu.com/a/139885025_726993，最后浏览日期2020年5月17日。

高峰之外，通过节日增加消费者到店频次。“疯狂星期三”设定满20～25元赠送积分的机制，也有效地提升了消费者的客单价。

同时，造节还满足了目标客群的好玩与有趣的需求。2015年5月，电影《超能陆战队》上映，暖男大白风靡一时，全家便利店也顺势推出了活动。活动加商店造节使得全家在2016年的会员招募上获得了比较高速的增长。

造节对全家便利店全员的带动作用不可小觑。因为节日氛围的影响和对节日销量的期待，在每个疯狂全家日上，所有的店铺、所有加盟伙伴会自动自发布置门店，找到商品，做广告，然后在那一天里面带动所有客人，实现了平均2倍以上的增长。

会员制再升级：O2O

在2016年，全家又推出了会员升级的“尊享会员”，即“便利店+线上Costco”。尊享会员一年收取100元年费，隔年失效。为了推动尊享会员，全家的设计是希望让会员在线下获得更尊贵的体验——因为有100元会费的支持，全家可以把线上精选的商品毛利控制在10%，同时可以让全家本身的价格更有竞争力。由此，全家可以逐步走到线上去，即O2O，“甄会选”线上平台应运而生。同时，全家鼓励消费者线下提货，实践证明，在线下提货的消费者中又有50%的人会在便利店同时进行购物，又增加了线下的销售。

尊享会员给全家带来了非常直接的效果。① 从数据来看，尊享会员月均消费贡献金额是普通会员的2.66倍，客单价是普通会员的1.14倍，是非会员的1.66倍，消费频次是普通会员的2.33倍；② 从应对竞争、拉动消费看，尊享会员超高积分返送降低了商品价格，快、近满足消费者对时间的要求，以盒饭为例，白领对午餐的核心需求在于价格与时间，全家盒饭定价15元，再返会员600积分，盒饭的真正价格只有9.9元，办公楼下便利店购买仅需5分钟，便宜又迅速，比外卖更具有竞争力[1]。

全家的线上会精选热门的商品，90后、95后消费者最希望买的“网红商品”。以全家尊享会员红酒为例，全家红酒学校毕业的专业团队从法国采购，并因全家有规模量，会把单价降到很低。再比如，全家有一件商品在门店卖300元，还给会员返积分，而这款商品在淘宝上卖到500～600元。这样的价格优势对消费者极具诱惑力。

---

[1] 搜狐网，《全家是如何玩转会员体系的》，2017年05月11日，https://www.sohu.com/a/139885025_726993，最后浏览日期2020年5月17日.

目前消费者的消费行为可以分为个人临时性消费和家庭计划性消费两类。为了扩大消费者需求、提高日商（单日营业额），如何在满足消费者个人临时性需求之外，增加一个Costco，满足其家庭计划性消费就成为全家未来的空间。

数据就是金矿

因为会员体系，全家有了大数据的资料库。全家可以根据消费数据，分析各种品类A、B、C与消费者需求的关系，从而进行精准营销。

便利店货架有限，消费频次高，因此，货架坪效和商品选择很重要。甚至包括频次低、动销慢的商品，便利店都需要具备。

过去，全家每年耗费非常多的费用和时间做消费者调研、消费调查，包括做量化调查，即通过市调工作，访谈300～500个人，根据每个人的访谈内容，做出数据分析；也包括质化调查，比如让消费者坐下来，下意识体验商品，反映其选择。

有了会员系统，对于会员的调查就简单高效得多。2015年，全家做了40万笔消费者回馈意见，做了7万笔客户回馈调查。

全家便利店的会员标签，从身份象征、生活风格、消费行为、社交行为、商品偏好到到店行为R（间隔）F（频次）M（花费）值，不同的会员将产生138万种不同的标签组合。当你走到收银台前，店员就已经知道了你是谁。他问你是否要买一个面包，是否要搭配一款咖啡。这背后，都是收银机上给出的标签提示[1]。

同时，大数据还能够在不骚扰大量客户的情况下，实现精准营销，节约了成本。

核心目标："频次"和"客单"并举

全家提出了这样的问题：3公里范围内的人口水平一般不会有大的变化，为什么便利店的密度却可以更为密集呢？答案就是消费者来店频次。从一年一次到每周一次，频次增加了，就可以增加店铺密度。

全家会员运营为实际零售带来了巨大效益，更为重要的

[1]《了解未来便利店发展三大趋势，把握便利店发展新方向》，2018年07月19日，https://baijiahao.baidu.com/s?id=1606396505582951943&wfr=spider&for=pc，最后浏览日期2020年5月17日.

可能是，会员运营的思路未来还将会改变全家的整个组织评价体系。与此同时，全家在重新思考，未来做预算可能不再看单店来多少人，而是要计算会员的ARPU值（Average Revenue Per User，每用户平均收入）。

还是回归到全家的核心逻辑：当便利店可以计算出一个会员的产值，或者一个会员一年的贡献的时候，全家门店的盈利能力和未来的发展能力就是有潜力和价值的。

会员体系延伸：会员制电商

会员是电商平台关注的焦点。全家通过会员运营打通了线上的通道。2016年甄会选正式上线，至2018年拥有超过350万名付费尊享会员。与京东、淘宝不一样的是甄会选实施的是付费会员制电商平台[1]。

会员制电商在美国早有落地的案例。2005年，Amazon上线Prime，作为Amazon的第一个会员制项目，在美国物流成本如此昂贵的背景下，用户只要支付会员年费，就能享受无限次的免费两日送达服务。自此，会员费成为Amazon的一大主

[1] 亿邦动力网，《大行付费会员制　全家母公司推出“甄会选”》，2018年06月07日，http://m.ebrun.com/281133.html，最后浏览日期2020年5月18日.

要收入。2017年，Amazon Prime会员数达到了8 000万人，至少有三分之一的美国家庭都已是Prime会员。

而另一家不得不提的便是Costco，Costco是美国连锁会员制零售商，成立于1993年，成立之初与老牌零售商沃尔玛差距甚大，通过“会员制+低毛利”的模式，走出了一条别样的发展道路。2017年10月，Costco推出了Costco Grocery计划，为约500种不易损坏的食品和杂货商品提供两天配送服务，这也意味着Costco正式进军电商领域。

一个是纯电商起家，现已成为美国最大电子商务公司的Amazon，一个是从传统线下零售商超起家，现已成为美国最大的连锁会员制仓储量贩店的Costco，虽早期的业务形态有根本的不同，但会员制让它们得以裂变发展。

同样作为付费会员制电商的甄会选，自2016年上线以来，实现了会员数与业绩的年均翻倍增长。在如今电商竞争已成红海之时，甄会选以其独特的三大方式圈住会员用户以及进一步刺激消费：① 甄会选依托全家便利店、德克士、康师傅私房牛肉面等巨大的线下流量入口，不断为平台导流；② 消费者通过全家便利店等线下消费场景成为集享联盟的付费尊享会员，集享联盟再通过积分反馈等方式进一步刺激消费，形成线上线下的协同效应；③ 基于国内消费者的消费习惯和需求，把服务做深做细，更好满足会员在多维度、全场景的需求。甄会选也在运用线下实体门店优势，解决消费者平时不方便在公司或家里收货的困扰，为尊享会员提供更便捷的取货服务。

近几年，巨头电商为了增加购物体验和抓住头部消费人群，不遗余力地推出会员服务，会员不仅能在相应的平台上拥有特权，而且能在平台上不断拥有更多的权益和收获价值，成为增强会员黏性的最重要方式。而甄会选背靠全家的会员体量，已然站在了竞争的前端。

但是，抛开甄会选拥有的线下渠道获客入口，它也要思考面对如今供应链被压缩，巨头平台商品价格越来越低、消费者体验需求越来越极致的情况，如何增强会员购物黏性，从而持续地获取会员的青睐与选择。

未来方向：建立积分生活生态圈

跨界积分通兑、建立生态圈的全家会员体系建设过程，实际上是以会员和积分为核心的C2B零售改造道路。

全家新零售下一步的核心是“合作”，“建立全中国最大的生活生态圈”。

简单来说，在全家花费3年时间培养起会员及其积分习惯后，开始谋求会员与积分更有效利用的可能性。如何让这些积分在全家及集团内兄弟企业内流通，成为“像美金一样”的通用货币，是未来全家最想要解决的问题。当然，这也需要其他行业的回应。

全家希望将积分打造成硬通货。因为对便利店来说累计积分有先天的优势，便利店足够满足刚需和高频的特点。但同时，积分也有局限性，它需要流通的场景，并且流通性越高越好。全家期望在未来以积分为切入点，可以和生态圈的打车、航空、游戏等各种产业合作、互换，提供消费者更好的兑分场景，围绕顾客需求构建生活+工作消费链。

集享联盟：积分生态圈的初级阶段

为了探索积分生态圈的构建，顶新集团（全家在大陆的运营商）于2014年推出集享联盟。这是中国做通用积分的平台之一，平台形成跨各种生活场景、通积通兑的会员积分与权益的生态体系。同时，实现线上线下的流量互导，消费者通过全家便利店等线下消费场景成为集享联盟的付费尊享会员，集享联盟再通过积分反馈等方式进一步刺激消费，形成线上线下联动消费的闭环。

凭借顶新集团下属品牌巨大的流量导入，集享联盟拥有会员总数已突破4 000万，其中300万为付费会员（一年年费为100元），集享联盟商户有德克士、全家便利店、康师傅私房牛肉面、康师傅大牌饭、那不乐思比萨、布列德面包、甄会选网上商城、甄会享会员食堂等。

集享联盟作为构建生态圈的尝试，除了以积分通兑搭建品牌之间的桥梁外，还兼具多种功能。① 提高顾客黏性，集享联盟将顾客升级为会员，为其提供更多福利和优惠的同时，还具备了解消费者喜好，让商户更好地洞察消费者的消费习惯、挖掘新的消费需求，并提升顾客满意度的作用。如德克士热销的冰淇淋和炸鸡等产品，推出之前就在集享会员系统发布线上问卷，根据消费者的反馈，对口味进行了调整和改良，获得了非常理想的销售效果。② 精准了解客户消费需求。商户可以通过集享会员系统了解消费者的购买习惯，例如某个消费者经常在全家购买咖啡，那就可以推送甜品优惠券给他；某个消费者在德克士购买了炸鸡，就可以推荐柠檬饮给他。

2018年，集享联盟为会员首次推出购物狂欢节活动——“集享321”，通过打通线上线下渠道，累计在线送出百亿积分，不仅切实回馈会员，而且起到拉新的效果。通过线下超过5 000家门店和互联网优势叠加，为会员创造更多的消费场景和体验。

因为全家会员瞄准90后“上帝”，“集享321”还跨界引入更多好玩的营销手法，以增加与年轻消费者互动沟通。如与爱奇艺年度网综“热血街舞团”合作，自创洗脑神曲集享舞，街头快闪，并通过玩AR游戏集舞步抢积分等。

来自中国市场的危机和挑战

作为24小时营业的便利店，全家商品的价格相对较高，随着美团、饿了么等外卖平台的出现和风靡，网络订餐成为越来越多消费者的选择，对于价格不占优势、便利性不及外卖的全家而言，受到的冲击不言而喻；此外，类似“盒马鲜生”这样的“新物种”的出现，也让全家有些措手不及。为了适应消费者行为的变化和偏好，应对外部的威胁，全家在2018年选择正式入驻饿了么——北京、上海、杭州、成都、深圳、广州、东莞、苏州、无锡这9大城市的全家便利店，目前已正式入驻饿了么平台，满20元起送，配送费5元，“蜂鸟专送”会在用户下单30分钟内配送上门。便利店与外卖平台之间，由此保持着一种既有竞争、又有合作的微妙关系。

此外，虽然会员人数日益增多，“僵尸会员”的问题也困扰着全家。怎样让那些“沉睡着”的会员反复回来，刺激购买，都是全家需要持续解决的问题。

面对未来，全家的高层管理者认为，最大的挑战还在于服务业中“人”的问题。中国城镇化之后，过去在深圳、上海、北京等大城市的很多劳动力未来可能会选择回到原来的地区，即所谓“逃离北上广”。针对如何留住人的问题，全家也在研究、设计和改善相关的机制。此外，由于中国每个城市和地区的情况差异性很大，每一个地方气候、街道设计、政府的法规政策的支持等都会影响便利店的经营状况，这也为全家的管理和经营增加了非常大的难度。

最新数据显示，2021年2月全家便利店门店在国内已经达到2 575家。为了实现在中国市场的扩张，全家需要应对复杂的市场状况，还要面对来自其他行业的“跨界竞争”，解决“人”的招募和管理问题等，而这些，并不是一个“会员制”就可以实现的。“会员制”虽好，但它终究不是一把“万能钥匙”，最终，依然需要全家打出一套行之有效的业务模式“组合拳”。

全家的启示

当下，新零售概念成为新的热词。但是全家总经理朱宏涛却号召业界同仁追本溯源，思考便利店的本质是什么。他从全家便利店开始卖咖啡入手分析认为，便利店是有生命的业态，因为它需要不断更新迭代，以全家为例，每年平均2 800个SKU要替换掉1 700个SKU，即每2个礼拜，全家大概会替代掉上百箱的商品。

依据什么进行产品的更新换代，核心在于了解消费者，提供他们所需的产品。消费者用钞票对商品和店面进行投票，所以对于商品的分析、品类的分析，都是便利店最基本的工作。如果顾客是决定便利店生死存亡的上帝，怎么更好地了解他呢？全家推出了会员制度。

从全家的会员管理中，我们能学到诸多经验，总结起来就是一个目的、两个核心、三个方法与一套新零售打法。

一个目的：定位目标客户群体。全家通过上线顾客忠诚管理（CRM）、铁杆粉丝经营（Fans）和顾客终身价值（CLV）管理体系，通过标记消费者在全家及合作商户的购买行为，逐渐完成消费标签，了解谁是我们的客户。

两个核心：拉高客户到店频率与提高客单价。全家通过积分吸引顾客反复消费，提高到店频率，并通过消费满额送积分的活动，提高客单价。同时，全家还学习电商的造节方式，推行疯狂全家日等活动，促进来店消费，提高单次消费额度。

三个方法：推行积分制以提高来店频次；造节运动满足年轻用户“好玩”的消费心理，打通线上线下，为会员提供更多元、更个性的产品与服务；尊享会员通过会员付费，降低运营成本，为顾客提供更有竞争力的产品，应对业内外的竞争。

一套组合拳：O2O建立线上线下的闭环+大数据营销闭环，实现会员信息挖掘价值的最大化；积分通兑生态圈的建立，以集享联盟为初步探索，构建多品牌的联通路径，将积分打造成硬通货，极大地提高消费者对品牌的黏性与消费频率。

结　语

后疫情时代：数字化革命大爆发的前夜

“我们无法否认数字化时代的存在，也无法阻止数字化时代的前进，就像我们无法对抗大自然的力量一样。”畅销书《数字化生存》（*Being Digital*）的作者尼古拉斯·尼葛洛庞帝（Nicholas Negroponte）如是说。

如果在20多年前读到这句话，您一定会不以为然，毕竟那时候我们还处于互联网普及的前夜，砖头般大小的“大哥大”也才刚刚退出历史舞台；如果在10多年前读到这句话，您一定也会很迷惑，数字化时代究竟是怎样的存在？数字化时代能够赋予我们多大的能量？毕竟那时候移动互联网才初见端倪，一年一度的“双11”电商大战也才刚刚拉开帷幕。可是到今天，当一切都如尼葛洛庞帝所描述的那样，“计算机化的产品无所不在”，甚至“随时穿戴在身上”，网络课程、在线问诊、远程办公等也不再只是遥远的神话，你敢不敢相信这竟是一位“技术乌托邦者”在20个世纪90年代的未来预言？

正如尼葛洛庞帝所说，“预测未来的最好方法就是把它创造出来”。此时此刻，我们正是处于创造这一数字化时代的高光时刻，数字化浪潮暗流涌动。对于每一个人来说，新冠肺炎疫情的全球大流行并不是我们“遨游”数字世界的“绊脚石”和“拦路虎”，而是我们通往数字世界的“加速器”，这一场全人类有史以来最为激烈的数字化革命正悄然而至，影响着未来企业的经营逻辑和我们的生活方式。

疫情冲击下的数字经济

2020年，新冠肺炎疫情席卷全球，对全球经济产生了巨大冲击，业已建成的国际贸易体系面临崩溃的风险。据世界银行（World Bank）统计，受新冠肺炎疫情影响，全球经济GDP在2020年萎缩4.3%，其中美国下滑3.6%，欧元区下滑7.4%，日本下滑5.3%，除了中国以外的其他新兴经济体国家也下滑了5%。这兴许是自金融危机以来，世界各大经济体面临的又一次经济浩劫，这一次浩劫仍旧没有停息[1]。

然而，数字经济却在全世界范围内逆势增长，成为经济增长的新动力。新冠肺炎疫情期间，餐饮、旅游、零售、院线

---

[1] World Bank（2021）. Global Economic Prospects，https://www.worldbank.org/en/publication/global-economic-prospects，最后浏览日期2021年3月19日.

等行业门庭冷落，某些行业甚至出现了整体坍塌的局面，但是在线教育、网上医疗、在线文娱、生鲜电商等数字经济新模式却在民众被迫“宅家”的情况下迎来了一轮发展的春天。以零售行业为例，中国2020年1—5月社会消费品零售总额同比下降了13.5%，而网上零售额同比增长了11.5%[1]；而在2020年“618购物节”期间，天猫累计下单金额达6 982亿元，京东累计下单金额达2 692亿元，均再创新的消费纪录[2]。这些消费数字背后所反映的不仅是电商作为一种数字经济业态的强劲韧性和复原力，更是后疫情时代数字经济赋予中国社会“动脉”中的汩汩活力。

数字经济的发展也为抗疫防疫做出了重要贡献。响应教育部疫情期间“停课不停学”的号召，中国大学MOOC平台为全国高校提供免费课程和线上教学服务支持，猿辅导、好未来、企鹅辅导等在校教育机构也纷纷开放其免费授课平台，企业微信、阿里钉钉则免费为学校提供不限时视频会议，大大缓解了学生的学习需求。2020年2月6日，支付宝率先在杭州推

---

[1] 国家统计局，《2020年5月份社会消费品零售总额下降2.8%》，2020年6月15日，http://www.stats.gov.cn/tjsj/zxfb/202006/t20200614_1760159.html，最后浏览日期2020年6月30日.

[2] 澎湃新闻，《“猫狗狮拼”混战618，谁会是下一个搅局者？》，2020年6月20日，https://www.thepaper.cn/newsDetail_forward_7917372，最后浏览日期2020年6月30日.

出健康码，短短7天时间内健康码由杭州推广到浙江，再由浙江推广到全国，为切断疫情的广泛传播发挥了重要作用。为了减少不必要的接触，全国多家企业联合互联网企业推出了互联网医疗服务，通过专家在线坐诊的方式为患者提供免费问诊，有效地降低了患者与患者、患者与医生之间的交叉感染……

最重要的是，疫情期间数字经济的发展深刻培养了人们的数字化消费和工作习惯。为了防止病毒蔓延，全球多个城市下令实施了“封城”措施，要求民众减少外出并保持安全的社交距离，“宅”成为疫情期间民众生活的“新常态”，“宅经济”迅速发展，呈现出“宅消费”和“宅生产”同时兴起的特征[1]。一方面，“宅消费”从单纯实体商品电商扩展到各类数字化服务，如线上问诊、网络培训等；“宅消费”的主体不再局限于“Z世代”，各个年龄段群体的数字化生活和消费习惯都在形成。另一方面，以居家办公为代表的“宅生产”一度全面实施，极大地冲击了各行各业从业者原有的工作方式和理念。据阿里钉钉统计，2020年2月3日，中国春节假期复工的第一天，全国近千万家企业的近2亿员工开启了居家办公模式，许

[1] 澎湃新闻，《宅经济：还能“宅”多久》，2020年6月8日，https://www.thepaper.cn/newsDetail_forward_7734165，最后浏览日期2020年7月6日.

多年轻人梦寐以求的工作生活方式正在提前到来[1]。当疫情在全球平息的时候，一切终将渐归静好，但是我们的数字化消费、生活和工作习惯将永久地改变，不可能也不应该回到从前。长远来看，数字化习惯的培养将会成为此次疫情给我们留下的最宝贵财富，为后疫情时代经济增长和企业发展创造新的机会。

加速数字化变革

对于数字化企业而言，疫情是催化剂，加速了数字化革命的到来。不管有没有这一场疫情，数字化浪潮同样也会席卷各个行业，重塑行业的游戏规则。比如生鲜电商行业。2012年，顺丰、亚马逊中国、淘宝和京东四大行业巨头正式上线生鲜食品业务，标志着中国“生鲜电商元年”[2]。2016年10月，马云提出“新零售”的概念后，盒马鲜生、叮咚买菜、每日优鲜等生鲜新物种兴起，一些传统的生鲜零售企业（如多利农庄、百果园）也纷纷开启数字化转型，积极拥抱生鲜新零售。以农贸市

---

❶ 搜狐网，《钉钉：近两亿人开启在家办公模式》，2020年2月3日，https://www.sohu.com/a/370516087_115060，最后浏览日期2020年7月6日。

❷ 第一财经，《2012，中国生鲜食品电商元年》，2012年8月7日，https://www.yicai.com/news/1966867.html，最后浏览日期2020年7月6日。

场和大型超市为主导的传统生鲜市场竞争格局被打破，具有较强便利性的社区生鲜零售业态成为这两者的有效补充。据艾媒咨询统计，2016—2019年间中国生鲜电商市场规模从622.6亿元一路攀升至1 620亿元[1]。如果没有这一次疫情，生鲜电商依然会不断搅动传统生鲜市场的规则与秩序，塑造我们新的数字化生活方式。

对于我们而言，疫情就是我们数字化生活的加速器。一般来说，消费者线上下单4 ～ 5次，在线消费便会内化形成一个新的消费习惯。疫情期间，传统农贸市场受到极大影响，为了降低感染的风险，城市居民也减少了出行频率，原来习惯于在市场上“讨价还价”的大爷大妈们也开始用上了生鲜新零售，实现“掌上订菜”。如果没有这一次疫情，“掌上”数字化生活也会成为必然趋势，只是疫情让我们更快地体验了数字化生活的便利。后疫情时代，我们不再可能是从前的“我们”，商界也不再可能是从前的“商界”。疫情彻底改变了我们的生活、重塑了全球商业版图，不确定性成为这一时代最大的确定性。但是越来越明晰的是，数字化正在成为未来创业和企业持

[1] 艾媒网，《2020年中国生鲜电商行业发展现状、机遇及趋势分析》，2020年3月20日，https://www.iimedia.cn/c1020/70125.html，最后浏览日期2020年7月6日.

续成长的不可绕过的方向。就在此时此刻，我们比任何时候都更有机会和条件拥抱数字技术，也更有使命共绘一个色彩斑斓的数字缤纷世界。

不得不提及的是，疫情也在加速世界的割裂，对全球数字经济发展的既有条件和环境产生冲击。一方面，受疫情影响，全球贸易再次进入低潮期，贸易保护主义抬头，“逆全球化”（anti-globalization）、“去全球化”（de-globalization）和“民粹主义”盛行，数字经济响应新型全球化挑战的作用有望凸显。据世界贸易组织（WTO）统计，2020年第一季度全球商品贸易量同比下降了3%，第二季度环比下降14.3%，全球货物贸易进口量和出口量都严重缩水[1]。这一下降幅度将是创纪录的[2]。中国的情况也不容乐观。据商务部统计，2020年前5个月，我国进出口总额均呈现出明显的下降趋势，然而跨境电商零售出口竟逆势增长，同比增长了12%[3]。作为一种新的外

[1] 新华社，《世贸组织：第二季度全球货物贸易量环比下降14.3%》，2020年9月23日，http://m.xinhuanet.com/2020-09/23/c_1126532512.html，最后浏览日期2021年2月21日.

[2] 百度，《世贸组织发布最新报告：今年全球贸易将大幅下降》，2020年6月23日，https://baijiahao.baidu.com/s?id=1670297715489349153&wfr=spider&for=pc，最后浏览日期2020年7月3日.

[3] 新浪科技，《前5月跨境电商零售出口增长12%》，2020年7月3日，http://tech.sina.com.cn/roll/2020-07-03/doc-iirczymm0223861.html，最后浏览日期2020年7月3日.

贸业态和数字经济形式，跨境电商零售出口将为后疫情时代中小企业有效规避政治风险，深入开拓海外市场、参与国际竞争创造更加良好的交易条件。

另一方面，由于一系列双边、多边国际贸易体系的坍塌，加之疫情所激化的世界各大经济体国内矛盾，发展数字经济的潜在风险在疫情当中和后疫情时代进一步凸显。与传统企业相比，数字化企业具有典型的天生国际化特征，因而它们往往也容易成为大国竞争和博弈的牺牲品。比如，2020年6月中印边境加勒万河谷地区的对峙事件不仅引发了印度国内新一波抵制“中国制造”的浪潮，而且直接导致了印度单方面禁用包括TikTok（抖音国际版）、微信、微博在内的59款中国APP。据粗略估计，这一禁令仅对抖音母公司字节跳动就将造成至少60亿美元的损失，字节跳动在印度市场多年的苦心经营也面临“折戟”的风险[1]。

此外，数字经济本身的潜在风险也不容忽视。疫情期间，“直播带货”可谓是一个炙手可热的领域，甚至吸引了不少明星、企业家的参与。但是，各类“直播带货”的消费者投诉层

[1] 澎湃新闻，《字节跳动或因印度禁令损失超60亿美元》，2020年7月2日，https://www.thepaper.cn/newsDetail_forward_8084895，最后浏览日期2020年7月6日。

出不穷，一些“主播”为了吸引流量，甚至不惜打“擦边球”。如此种种，已背弃了原有数字经济所倡导的互信、透明等商业精神，数字治理已是当下刻不容缓的新议题。最近几年，尽管我国在数字治理能力上有了显著提升，如出台和修订了《网络安全法》《电子商务法》和《儿童个人信息网络保护规定》等，但是新的数字化业态不断涌现、形态各异，这也给本来就脆弱的数字治理体系带来了较大的挑战。不管是从国家层面，还是企业层面而言，如何实现数字网络世界的有效治理，如何兼顾数字化所带来的效率和风险？这将是伴随数字经济发展过程中的一个长期话题。

未来可期

祸兮福所倚，福兮祸所伏。

这场肆虐全球的疫情无疑加速了数字经济的发展，并将我们加速推向了未来。对于那些因循守旧、故步自封的传统企业来说，这可能是噩耗，数字化革命的前奏已经从根本上动摇了它们赖以生存的基础，如果还不寻求数字化转型，它们的末日将提前到来；而对于那些数字化企业而言，数字化生活的提前适应为它们未来更多、更精彩的产品和服务创新进行了一次完美的“彩排”。我们很欣喜地看到，大多数企业并没有坐以待毙，而是以崭新的姿态迎接未来数字化革命大爆发的挑战。

美图过去的业绩颇有可圈可点之处。出于战略聚焦的考虑，美图确立了“整合变美生态链，帮助用户全方位变美”的新愿景，这一重大战略调整的成效在2019年第四季度已经开始显现。截至2019年底，美图的净亏损额缩小了77.7%，核心在线广告业务的收入增幅21.1%。而在2020年上半年，美图营业收入增长20.1%，达到5.575亿元人民币。更重要的是，围绕这一新的战略部署，美图推出了专业级的皮肤检测仪“美图宜肤”“美图皮肤医生”平台等，并且在疫情期间携手上海市皮肤病医院针对皮肤相关的健康问题提供免费在线咨询服务。围绕数字用户打造实体化产品、实现线上线下融合发展成为美图应对未来挑战的重要方向。

然而，作为“中国会员电商第一股”，云集的经营状况却不容乐观。财报显示，2019年云集净亏损116.72亿元，这已经是云集连续亏损的第四年。由“社交电商”转型“会员电商”之后，如今云集的会员模式也遇到了增长瓶颈，2019年会员业务同比下降了49.9%。同时，云集此前积累的用户口碑也面临坍塌的风险，在各大投诉平台上针对云集的用户投诉层出不穷。但是，云集创始人兼CEO肖尚略依然坚守在最前线。

疫情期间，他果断抓住机会，开启了个人的直播带货，走在了企业家的前沿。在直播带货首秀的前3分钟内，他就卖出了216万个鸡蛋，网友因而戏称他为“中国蛋哥”。正如他所说，“在2020年，不会直播的CEO不是好老板”。由疫情所带来的“红利”将成为未来云集突破增长瓶颈的重要依托。

由于酒类市场的特殊性质，疫情给保乐力加的市场销售带来了不小挑战。特别是在中国市场，往年春节一般都是酒类产品销售的高峰时期，但是2020年春节期间亲友被迫“居家隔离”“线上拜年”，这无形之中切断了酒类产品的一大消费场景。受此影响，2020年保乐力加销售额下降了9.5%。特别是疫情期间中国酒吧和餐馆的关闭，给保乐力加旗下芝华士和马爹利带来了沉重打击，全球销售额分别下降了59%和17%[1]。尽管如此，保乐力加拥抱数字化的努力并没有就此停歇。未来，保乐力加还将通过不断的数字化尝试，获得更多年轻数字用户的认可，迎来新的增长点。

在“宅经济”兴起的疫情期间，全家便利店并没有能够成为“幸运儿”，那熟悉的音乐旋律明显没有往日的频繁。相比之下，它的跨界竞争对手们可幸运多了。疫情期间，“盒马

❶ 腾讯新闻（2021）. 保乐力加2020财年业绩发布，https://new.qq.com/omn/20200905/20200905A03LOC00.html?pc，最后浏览日期2021年3月19日.

鲜生”的网上订单数量较2019年同期激增了220%，“叮咚买菜”也在逆势生长，而天猫同城购、京东到家等电商平台更是在不断挤压线下便利店的生存空间，会员模式似乎并没有给全家带来多大的喘息之机。疫情过后，当“网上下单”“无接触配送”成为大众的一种消费惯性的时候，全家的外卖平台有望成为突围的一大焦点。但是，全家又该如何进一步完善会员制？如何区别于其他“会员电商”？如何区别于其他电商平台？我们拭目以待。

未来是一个充满不确定性的世界，数字化机遇和挑战并存，多维风险时刻相随；未来也是一个充满确定性的世界，数字化将创造更多新的商业模式，塑造我们新的生活方式。积极拥抱，还是消极逃避？不管你的选择如何，一场数字化革命的浪潮已经开始袭来、不可避免。与其坐以待毙，还不如主动出击。就让这一场数字化革命浪潮来得更猛烈些吧！